U0908590

浙江省哲学社会科学重点研究基地
临港现代服务业与创意文化研究中心成果丛书

# 基于顾客策略型行为的预售策略研究

王叶峰　著

**内容提要**

虽然预售策略能够诱使顾客尽可能早地购买，但顾客的策略等待行为却对卖方如何选择预售策略提出了更严峻的挑战。因此，本书基于消费者行为理论和理性预期均衡等基础理论，考虑消费者估值随预定量发生变化的影响，分析基于顾客行为视角的预售定价、价格保证机制的制定及选择，并结合案例分析结果，提出预售策略实施的建议。

本书在理论方面具有一定的创新价值，在实践方面提出了切实可行的建议，值得学术界和实践界相关人员参考。

**图书在版编目(CIP)数据**

基于顾客策略型行为的预售策略研究 / 王叶峰著.
—上海：上海交通大学出版社，2018
ISBN 978-7-313-19221-9

Ⅰ.①基… Ⅱ.①王… Ⅲ.①消费者行为论-研究 Ⅳ.①F713.55

中国版本图书馆 CIP 数据核字(2018)第 060788 号

**基于顾客策略型行为的预售策略研究**

著　　者：王叶峰
出版发行：上海交通大学出版社　　地　　址：上海市番禺路 951 号
邮政编码：200030　　电　　话：021-64071208
出 版 人：谈　毅
印　　刷：上海万卷印刷有限公司　　经　　销：全国新华书店
开　　本：710mm×1000mm　1/16　　印　　张：9
字　　数：154 千字
版　　次：2018 年 5 月第 1 版　　印　　次：2018 年 5 月第 1 次印刷
书　　号：ISBN 978-7-313-19221-9/F
定　　价：49.00 元

# 前　言

Preface

随着市场全球化、信息技术和“互联网+”产业的快速发展，人类的经济生活已经全面进入了数字与网络时代，卖方面临来自全球市场和竞争者的挑战，产品更新速度加快，产品价值随时间流逝而变化，顾客需求越来越个性化、多样化和难以预测，卖方频繁采用降价促销等手段吸引顾客购买，却因此把顾客训练得越来越复杂和聪明，顾客会策略型地选择价格更低的时候购买，损害了卖方的利益。而预售策略既能提高需求预测准确度，增加卖方的收益，又能使顾客通过提前预定或预购避免销售季节可能存在的缺货风险。因此，针对顾客不同购买行为，为了提高卖方运营效率，不同经济实体纷纷通过网络平台，向消费者提供各种有形产品或无形服务的预售，一些第三方电商平台如淘宝、京东商城和苏宁易购等甚至在“双十一”和“双十二”等促销季也开始采用预售策略。

首先，本书基于考虑顾客策略型行为的预售策略理论基础，主要包括消费者行为理论、理性预期均衡理论和报童模型理论，了解消费者行为的构成、分类和主要研究方法，分析顾客行为对卖方运营管理的影响，尤其是顾客策略型行为和风险行为对卖方实施预售策略的影响。其次，根据相关理论分析，本书主要研究零售商或制造商直接面向消费者的预售策略。与其他文献不同的是，本书假设两类消费者的需求是不相关的，而是根据实现预定需求量对低类型消费者估值的影响，体现提前预定需求信息对卖方预售策略的影响，因此，正常销售期价格不一定低于预定价格。

进一步的，为了消除高类型消费者的策略型等待购买行为，吸引高类型消费者尽快预定，卖方会在预售开始之前就向消费者可信性地承诺，如果正常销售期价格下降，就向消费者退还差价，即提供预售价格保证机制。最后，根据针对考虑消费者策略型行为的预售策略理论框架、建立的两种不同设置下的预售策略模型，以汽车和手机预售应用为例进行实例研究，并提出卖方在考虑消费者策略型行为时的相关预售策略建议及未来研究方向。

本书的研究得到了浙江省高校重大人文社科攻关计划项目青年重点项目(编号:2016QN035)的支持，并得到浙江省临港现代服务业与创意文化研究中心的出版资助，在此表示衷心的感谢！同时首先诚挚地感谢我的导师田中俊老师！在本书研究内容的设计和写作过程中，自始至终都倾注着田老师的心血和悉心指导！正是田老师的高标准和高要求才保证了本书的研究质量。感谢上海财经大学谢家平教授及其他高校专家提出的宝贵修改意见。

由于作者水平所限，书中存在的不足之处，敬请读者提出宝贵意见和建议。

王叶峰

2017 年 12 月 18 日

# 目 录

Contents

# 第一章
# 绪　论

## 第一节　研究背景

随着市场的全球化及市场竞争越来越激烈，产品的更新换代速度越来越快，产品的生命周期和最佳销售期逐渐缩短，而且产品的品种剧增，导致消费者对于产品的需求越来越难以被预测，卖方频繁采用的降价促销策略又将消费者训练得越来越理性，表现为利用策略型等待以尽可能低的价格购买所需产品或服务。因此，对于销售生产提前期较长而生命周期或销售周期相对较短产品的零售商和新产品发布上市的企业而言，由于市场供应与需求不确定性所导致的产品短缺或库存积压，都会给企业的成功运营带来前所未有的巨大挑战。由于预售策略的成功实施，以及随着电子票、智能卡、在线预付和交易等信息技术的快速发展和应用，移动互联网的快速普及，如根据工信部发布数据显示，截至2017年10月末，中国移动宽带用户（即3G和4G用户）总数11.01亿户，移动互联网用户总数达到12.4亿，使用手机上网的用户11.5亿户，对移动电话用户的渗透率为82.3%。预售策略也早已从最开始被广泛应用于航空和旅游业等服务业，被拓展延伸应用到越来越多的行业如书籍、零售业、玩具、音乐会或体育赛事门票等文化传媒业，以及手机和汽车等产品价值随时间下降的新产品发布和销售方面。所以，目前预售已经成为经销商和汽车、手机等生产企业销售新产品的重要营销手段，许多时装、电子产品的新品发售，甚至包括生鲜类农产品的销售都同时采用预售和正常销售两种销售模式。

所谓预售（advance selling）是指实践中卖方（seller，即企业）诱使买方（buyer，即顾客或消费者）承诺在消费时间之前以许多不同形式购买商品（Xie &

Shugan,2001)。例如,中秋节月饼或者是经营蛋糕点心的销售企业通过预售月饼券或者蛋糕券的方式提前"锁定"部分需求,当当网和亚马逊网站在新小说、新图书或新影碟等新产品上市之前,也都经常通过提前打折预售的方式降低未来市场需求的不确定性。2013 年 1 月 21 日,奇瑞的新款 QQ 车型开始在全国三百余家奇瑞 4S 店正式预售,并实行"多退少不补"的预售价格保证策略。2013 年 9 月,苹果公司在中国大陆预售 iPhone 5S 和 iPhone 5C,自 iPhone 5S 预定开始,为中国市场供应的几乎所有机型和颜色都在几分钟之内就被抢购一空,iPhone 5S 预售量是 iPhone 5C 的三倍,而且金色版 iPhone 5S 脱销致水货价格一路上涨。

卖方通过官网、其他线上经销商网络平台或者线下实体店预售产品或服务时,消费者提前预定时看不到产品或者体验服务,导致对于产品或服务的价值还不确定,这一点与在现场销售期卖给消费者是不同的,因此,卖方预售时允许消费者在价值不确定性解决之后再付款。由此可见,预售使卖方和消费者都受益。一方面,卖方通过预售策略可以提前获得销售资金、降低库存风险,将部分随机需求转变为确定性需求,并根据预售数量实时更新需求预测信息,提高正常销售期的需求预测准确度,更加精确地确定正常销售期的订货量,设计最优的定价和订货策略,从而降低正常销售期的缺货成本或过量库存成本,降低清仓销售的可能。预售文献的主要研究结果也表明通过预售,企业能够比现场销售获得更多收益(Xie & Shugan,2001)。另一方面,通过提前预定或预购也可以帮助消费者避免产品正式发布后的正常销售季节可能存在的缺货风险。尤其是对于一些具有市场冲击力的新产品或者是一些品牌的忠实粉丝而言,通过预售就可以保证产品发布时得到产品。如小米手机的新产品推出时,经常会出现一些"米粉"消费者在网上利用各种网站抢着预定甚至排队预定的情况,因为如果不及时预定,很有可能就买不到该产品。另外,对于消费者来说,企业在采用预售策略的同时,一般也会采取一些各种诱人的促销活动,如提供赠品、不同程度的价格折扣等。如汽车经销商在预售时经常会对于越早预定的顾客赠送大礼包,或者赠送油卡,一些学术会议在正式召开日期之前,预定越早提供的折扣越多,亚马逊网站在进行 Harry-Potter 图书预售时提供高达 49%的折扣优惠,这样消费者可以通过尽可能早地预定产品或服务获得更多的价格折扣优惠,并避免正常销售季节可能存在的缺货风险。另外,消费者也可以通过移动网络随时随地搜索,获取将要购买商品的具体信息,如价格趋势、已体验过同类商品或老一代产品的客户评价等相关信息,这将有助于消费者做出正确的购买决策,降低消费者由于产品与预期存在差异等原因而产生的退货行为，从而降低卖方的库存积压风险。

但是，当消费者预购时，他们不了解产品并且愿意为该产品或服务支付预期最大价值，相反，当消费者在现场购买服务时，他们知道产品的准确实际价值，一些消费者的产品价值是不同的，而且可能大于另一些消费者的产品价值，没有消费者愿意比产品的真实价值支付更多，也就是说，现场销售期相对于预售期，很少有消费者的产品价值是同质(或相同)的。相关研究已经证明卖方能够利用消费者的事前同质，通过以更低的价格提前卖给所有消费者，比在现场以更高价格销售给部分消费者(产品估值高的消费者)获得更高收益。预售文献关注消费者对产品或服务价值的不确定性，然而，Xie & Shugan(2005)注意到，在竞争环境下，有可能未来的不确定性与竞争者更好满足购买者的偏好相关，因此，购买者知道竞争者只有在现场期才能更好满足他们的需求。

另外，消费者在消费之前预定以及准备开始消费新产品时，其对产品的估值除受产品自身性能和质量影响外，还依赖于消费产品或服务之前的某些个人特质(如健康、心情、行程安排等)和一些外在因素(如经济条件、不可人为控制的天气、朋友的建议和评论等)。因此，消费者在预定产品时，既无法在正式消费之前对产品或服务进行体验，也无法获得其他消费者的使用心得，这将使得消费者对预售新产品的实际价值更加具有不确定性。此时，即使经销商或者企业对预售产品提供一定幅度的优惠，消费者也还是会对是否尽快购买预售产品产生一些顾虑的。简而言之，消费者和卖方之间的互利交易很大程度上都是受消费者对产品价值的不确定性影响的。因此，许多零售商为了减小消费者对预售产品价值的不确定性，打消消费者策略型等待购买的动机，刺激诱导消费者尽可能早地提前购买，在预定时会提供价格保证或者价格承诺机制，即如果价格在卖方承诺的期限内下降，则会退给消费者差价。如国美电器在 2015 年“五一”假期到来之前举办促销活动时，为了诱导消费者提前购买，承诺“五一”假期后七天之内，如果产品降价，则退还顾客差价。再如淘宝天猫和京东、苏宁等电商在 2017 年的“双十一”和“双十二”促销季到来之前，为了消除消费者的策略型等待最低价购买的行为，提前十天开始以“双十一”和“双十二”促销活动价销售，有些入驻商家为了刺激消费者提前购买，甚至提供赠品(“双十一”和“双十二”反而没有赠品)和价格保证，即如果提前购买的价格低于“双十一”或者“双十二”的价格，马上退还差价。

而且此外，当卖方采用预售策略时，由于预售产品性能的超前性和高增值性，许多消费者在正常销售期拿到产品或者享受服务之后，往往由于产品或者服务与消费者的心理预期存在差异或不明确产品的使用方法等原因，将已购买的预售产品退回给零售商，并获得一些退款补偿。零售商为了降低预售产品的价值不确定性对交易的不利影响并提高消费者满意度，通常也会在预售产品或服务时提供新产品或服务的免费体验活动或者是不满意就退货退款的服务。其中，不同的退货退款策略已经成为卖方为了减少因产品价值不确定性，而导致的消费者策略型等待或延迟购买的重要手段。而且，不同企业针对预售产品提供的退货服务也可能存在较大的差异：有的企业会提供全额退款及退货服务，如京东和苏宁易购上的部分经销商提供的七天无条件全额退换货服务；有的企业则对预售产品的退货收取一定的再处理费用（如再次包装费和运费），例如消费者在退回 Sneakergo.com 预售的明星限量版篮球战靴时，需要自己联系物流服务商并承担相应的产品包装材料费用、配送等物流费用；当然，也有些企业不提供预售产品退货服务，如当当网和亚马逊网站对部分预售产品（如电子图书或者其他一些电子产品）不提供任何退货服务。

因此，本书研究面对产品销售周期越来越短和高不确定性需求特点，及越来越复杂的消费者行为，卖方如何制定合理的预售定价策略，及结合恰当的价格保证机制或者退货保障机制的实施，能够吸引越来越多的消费者尽可能早地快速提前购买，从而使卖方提前获得销售资金，提高产品未来需求预测的准确性，确定合理产能或预定量，降低企业的缺货成本和库存积压成本，最大化卖方的利润所得，同时实现买方的效用或消费者剩余最大化。

## 第二节　研究意义

随着顾客行为（Customer Behavior）越来越具有策略性（Strategic），即顾客由于卖方频繁举办降价促销等活动，可能会考虑等待产品降价时甚至是降到最低成本价时再购买，从而推迟他们的购买决策。由于策略型顾客（Strategic Customers）在进行购买时机决策时，将会考虑预售产品从预定开始到整个销售期结束之间的完整价格路径，所以，卖方需要考虑顾客的策略型行为（Strategic Behavior）对其最优运营策略的影响，在确定调整产能即优化产能或库存或者确定最优订货数量的同时，需要确定预售产品在整个销售期内的最优价格路径。然而，随着市场竞争的日益加剧和科学技术的飞速发展，传统的定价与库存优化理论及方法已经难以适应越来越广泛应用的预售策略和顾客行为更加复杂的现实需要。而且，企业能否成功地把握消费者对预售产品的估值，从而制定出恰当的产品预售价格和正常销售价格，是企业是否能够实现预售目标的关键。因此，根据以上分析，本书基于消费者行为，考虑消费者对预售产品估值变化的预售管理研究，具有以下重要的理论意义和实践意义。

## 一、理论意义

预售策略广泛存在于运营管理和收益管理领域，随着在实践中的广泛应用，近些年也引起了管理学和经济学等领域学术界的广泛关注。因此，有必要整理并完善基于顾客行为视角的预售策略理论和方法体系。

第一，本书拟定进一步完善预售机制研究体系，丰富定价和收益优化理论。

预售策略作为一种重要的收益管理技术，近年来已经成为学术界的研究热点，并广泛应用于易逝性产品和高科技产品销售及各类学术会议的推广宣传中，如航空公司的机票、酒店客房以及苹果手机和新能源汽车以及参加学术会议等等。本书结合顾客行为，并考虑生产周期较长，短生命周期、短销售周期和高需求不确定性产品的预售策略，缩短了理论研究与现实操作的鸿沟，是对预售策略与收益管理理论的有益扩充和进一步加深。

第二，本书试图优化预售策略，推动对动态定价与产能或库存控制理论和方法研究。

产能控制一直是供应链管理领域研究的重点和热点。目前，关于采用预售策略的产能控制也越来越引起关注，结合预售期定价和正常销售期定价，并通过产能设置或产能分配来引导顾客提前购买需求，以获取提前需求信息，提高对未来需求预测的准确性，从而提高收益的相关研究尚处于探索起步阶段，未形成系统的理论体系，不能有效地指导企业预售策略。所以，本书会在优化预售策略的基础上，改进传统初始库存算法，进一步优化初始产能或库存和正常销售期的产能或库存，以期在方法上有所突破。

第三，本书拟基于顾客策略型选择行为和退货行为研究预售定价，拓展顾客行为理论和方法应用。

由于顾客行为理论深入研究了消费者心理与行为，有助于企业根据消费者需求的变化，有效组织生产经营和开展市场营销，所以近年来越来越受到学术界和实业界的重视。然而，顾客心理和行为的复杂性，使该理论还有很大的发展前景和广阔的应用空间。为此，本书紧随行为理论的经典和前沿研究，试图结合顾客的选择行为和退货行为，探讨顾客提前购买行为实现的影响因素，并构建模型为预售行为预测提供方法论的支持。

第四,本书拟探讨在不同预售策略下买卖双方行为的博弈过程,促进预售理论在新产品推广上市策略中的应用。

目前的研究较多集中在企业提供一种预售策略,而且每个顾客每次只购买一件商品或者购买多件商品。本书试图创新性延伸到企业提供不同预售保证机制对卖方收益的影响,结合实际应用,比较不同价格保证机制和不同退货保证机制的适用性及对顾客行为和企业收益的影响。

综上所述,本书拟定将有效集成预售/预定、动态定价、库存控制、消费者行为、退货博弈以及系统优化等相关理论和方法,探讨和完善基于顾客策略型行为的预售定价和不同预售保证机制的研究框架,因此具备一定的理论和方法意义。

### 二、实践意义

本书将本着理论来源于实践又为实践服务的思想,为模型参数对不同行业不同产品设置调研方法,进行数值模拟分析比较和案例研究。改进销售和定价策略是公司实现高投资回报的常用方法之一,虽然多数公司在多数时间内有适当的价格,但是几乎没有一家公司拥有必要的流程和能力,以确保在所有时间内通过所有渠道向所有顾客提供所有产品。因此,本书研究具有广阔的应用前景。

第一,有助于企业更准确地预测消费者对即将发布的新产品的需求,以及了解消费者在预售期和正常销售期的选择购买行为,并预测退货类消费者与商家博弈的结果。

第二,有助于企业准确把握顾客策略型选择行为和退货行为,为使消费者在预售期预定产品,能够提供更合理的预售保证机制,并在正常销售期实行更合理的定价策略。因此,可以通过预售期和正常销售期的合理定价引导消费者需求,以提高企业经营效益。

第三,有助于企业结合优化的定价策略,同时通过提供预售/预定,提前获取消费者需求信息,提高正常销售期新产品需求预测准确性,合理控制产能和库存,为企业运营管理提供强有力的支撑。

## 第三节 研究现状

随着信息技术的快速发展和移动互联网在消费者中的应用,预售策略在实践中的广泛应用已经吸引了来自实践和学术界的关注。国内学者研究相对较多的是商品房预售,国外学者关于预售研究相对较多,主要集中在预售作为企业营销和运营策略方面的研究。

## 一、预售定价策略研究

有关预售定价研究起源于对制造商和零售商之间的预售契约分析，包括批发价格和批发数量的确定，然后是关于零售商直接面向消费者的预售研究。两类文献的主要差别包括以下几点：前者可能涉及制造商与零售商之间的契约协调供应和需求，而后者通常不能；然而，后者典型地分析了个人消费者的需求水平，而前者不能。前一组论文通常关注企业设计和预售时间，后一组论文关注检验预售增加消费者需求和减少库存风险等利益。

### （一）制造商与零售商之间的预售定价策略

大多数钻研制造业预售的论文研究制造业与零售商之间的预售，例如Cachon（2004）比较了在供应商与零售商之间的推、拉和提前购买折扣（Advance Purchase Discount）策略契约之间的库存风险，Cvsa & Gilbert（2002）和 Gilbert & Cvsa（2003）检验制造商批发价承诺决策和销售时间问题，Taylor（2006）研究制造商的最佳销售时间并决定什么时候卖给零售商，Boyaci & Ozer（2010）研究一个有产能计划的制造企业为了获得足够的来自零售商的需求信息，决定什么时候开始预售和何时停止预售，证明预售策略可以大幅提高制造商的利润。国内学者慕银平等（2011）将期权采购和预售相结合，证明在销售期需求服从正态分布条件下存在唯一最优预售折扣，并设计出求解最优预售折扣的二分搜索算法。

### （二）零售商与消费者之间的预售定价策略

随着移动互联网和大数据平台的广泛应用，卖方几乎可以零成本随时修改价格，所以，近几年关于直接面向消费者的预售定价策略研究也越来越多。

Fisher & Raman（1996）是第一个介绍零售业预售思想的论文，Gurnani & Tang（1999）分析了当预定批发价已知但正常销售期批发价不确定时，零售商的两个订货决策。消费者对预售产品的需求依赖于价格和库存水平（Dana，2001），为了阻止消费者的策略型等待行为，诱使消费者尽可能地提前购买，一些文献提出了不同预售定价策略，一是预购折扣定价策略。研究策略型消费者的预售论文典型考虑了当消费者做出提前购买决策时，消费者对产品或服务（如体育赛事门票、书、音像制品、电脑游戏等）的价值（或需求）不确定性，在这些论文中，价值不确定引起卖方采用折扣价预售策略（Weng & Parlar，1999；Xie & Shugan，2001；Zhao & Stecke，2010；Möller & Watanabe，2010；Nocke，Peitz & Rosar，2011；Chu & Zhang，2011；Prasad et al.，2011）。如消费者注册参加会议时间越早获得的折扣越多,还有飞机票和酒店客房的预定,一般预定时间越早获得的折扣也越多。二是溢价预售策略,并提出了溢价预售对卖方更有利的条件(Li & Zhang, 2013; Zhao & Pang, 2011; Loginova et al., 2016; Nasiry & Popescu,2012)。如有些卖方通过库存展示让顾客以为产品稀缺(Yin et al., 2009),或者在产能有限时,采用溢价预售让消费者提前购买,可以降低消费者面临的缺货风险,增加企业的利润。如在Shugan & Xie(2004)论文中,卖方在第一期宣布正常销售价格和预售价格,与只采用现场销售策略相比,预售可能会增加卖方的利润,因此,产能有限时,卖方可以提供溢价预售。三是同价预售策略,即卖方能够可信性地承诺正常销售期的价格不会低于预售价格,让消费者相信提前预定可以保证拿到产品,从而消除顾客的策略型等待行为(Zeng,2013)。四是卖方只预售,不提供现场销售(Xie & Shugan,2001;Zeng,2013)。现实中如小米手机就在新产品刚上市时,只采用预售策略。

还有很多预售策略文献都同时研究了几种不同预售定价策略对卖方利润的影响,如Weng & Parlar(1999)假设预售阶段需求依赖于预售阶段折扣额度,研究零售商应该提供何种价格折扣以吸引消费者提前购买,并采用近似方法得出了零售商最优预售折扣率。Xie & Shugan(2001)研究当预售策略依赖于产能水平和边际成本时,可以采用的五种预售定价策略,分别是高现场销售价格(没有预售)、折扣预售(限量预售)、折扣预售(无限量预售)、溢价预售(无限量预售)、相同的低价预售和现场销售价格。Tang et al.(2004)在此基础上研究预售期需求随机分布情况下最优预售折扣问题,卖方如何利用预定量更新需求预测和订货量,以及应该提供多少预定折扣。Möller & Watanabe(2010)进一步比较预售折扣价格和清仓销售两种定价策略。Prasad et al.(2010)假设消费者在预售期对产品估值不确定,研究零售商在预售阶段的最优折扣、适中折扣和深度折扣等预售定价策略。Chu & Zhang(2011)调查卖方在新产品发布之前让消费者预定时的集成信息和定价策略,分析最优预定价格和零售价格如何取决于信息发布的数量。Loginova et al.(2016)构建了一个不确定消费者价值分布模型,用来研究在消费者从预定中学习时的零售商最优预售策略。Zeng(2013)认为零售商可以采取溢价预售、折扣价预售、正常销售价预售和没有预售等四种定价策略,并假设卖方在博弈开始时就承诺预售价格和正常销售价格不变,对四种定价策略进行了比较。Loginova(2016)进一步研究企业在了解市场规模和消费者感知价值分布,已知正常销售价格的情况下,最优预售价格的确定。

综上所述,本书研究的预售定价策略属于第二类,即直接面向消费者的预售定价策略，以上文献主要考虑了消费者对于预售产品（或服务）价值或需求的不确定，但没有考虑消费者对产品估值的变化。因此，与以上文献不同的是，本书不仅考虑了消费者对于产品价值和产品可得性的不确定，还考虑了消费者对于产品的估值随着预定量发生变化的情况。

## 二、预售中的消费者行为研究

随着人们生活水平和消费水平的不断提高，消费者的购物经验也日益丰富，特别是移动互联网和大数据平台的广泛应用，消费者越来越容易获得市场上的相关需求和产品信息，导致策略型消费者的数量和消费者的退货数量越来越多。与本书研究相关的顾客行为研究主要是指运营管理领域中的策略型消费者行为和消费者退货行为研究。

### （一）预售期中的消费者策略型选择行为研究

目前，运营管理领域按照消费者需求与产品定价和库存的关系，将消费者策略行为分为两大类：第一类是消费者前瞻性（Forward-looking）购买行为（Su，2009；Liu & Shum，2009），或称为策略型购买行为（Strategic-purchasing Behavior）（Xie & Shugan，2001），这类消费者的购买行为主要与产品未来价格和库存等变量相关。第二类是基于展望理论的消费者参照行为（Reference Behavior），这类消费者的购买决策主要与同类产品的销售价格或历史销售价格等变量相关（如 Kopalle et al.，1996；Popescu & Wu，2008；Nasiry & Popescu，2008；Xu & Bu，2009；Xu et al.，2010；卜祥智等，2012）。

在预售管理研究领域，消费者策略型行为（Strategic Consumer Behavior）越来越引起研究者们的关注，消费者策略型行为研究主要分析消费者面临单产品和单零售商预售模式的策略型等待行为，以及这些行为对预售效果、正常销售期需求预测的影响。企业在制定预售策略时，必须考虑消费者的这种策略行为对企业预售的影响。所谓策略型（或战略性）消费者行为是指消费者基于对产品未来价格的预期，并不急于购买，而是会比较理性地选择购买时机，等待产品进一步降价的消费行为（Fisher，2006）。Dana（1998）认为策略型消费者对预售产品的需求依赖于价格和库存水平。Shugan & Xie（2004）对在预售过程中存在产能限制时的策略消费者行为进行了分析，认为提前购买可以降低消费者面临的缺货风险，增加企业的利润。Zhao & Stecke（2009）和 Prasad，Stecke & Zhao（2010）均考虑了第一期即预售期的策略型消费者行为。其他论文如 Xie & Shugan（2001），Shugan & Xie（2004），Gundepudi et al.（2001）和 Yu et al.

(2014,2015)则考虑了预售中的消费者价值不确定和策略型消费者行为,主要差别在于需求随机性。消费者价值的标准定义就是一个消费者愿意为该产品支付的最大美元价值(Prasad et al.,2010)。

目前,在基于消费者策略行为的预售论文中更多地分析了价值不确定引起的折扣价预售,但是 Xie & Shugan(2001)是个例外,证明当产能相对小时,溢价预售是可能的。这一研究通常假设产品数量(服务产能)是固定的,并且把预售作为增加市场参与(如 Xie & Shugan,2001;Yu et al.,2007;Alexandrov & Lariviere,2012)或细分市场(如 Dana,1998;Chu & Zhang,2011)的工具,Huang & Mieghem(2012)研究了策略型消费者愿意点击并因此提供预售信息,并认为策略型消费者行为对提高企业利润是有益的。如 Zhao & Stecke(2010)、Prasad,Stecke & Zhao(2011)和 Chu & Zhang(2011)模型中的消费者都是策略型的,Zhao & Stecke(2010)和 Prasad et al.(2011)主要考虑一个报童零售商使用预售策略获得提前需求信息,其中 Zhao & Stecke(2010)考虑了在第一期(即预售期)消费者的策略型行为,一个报童零售商在第一期销售实现之后再下订单。Swinney(2011)基于对消费者策略型等待选择购买行为的考虑,研究了消费者对预售和正常销售两种销售策略的选择问题。Li & Zhang(2013)关注策略型消费者面对相对确定的产品价值但不确定的产品可得性,预定由溢价利润和提前需求信息的利益驱动,并且研究了两个驱动力之间的相互作用。也有预售文献研究两种以上不同消费者行为包括策略型消费者行为对卖方实施预售策略结果的影响,如 Lim & Tang(2012)假设消费者对产品估值相同,而对产品未来预期价值不同时,研究当出现投机者和前瞻性(即策略型)消费者时的预售策略,对比分析短视(Myopic)消费者、投机者(Speculator)和前瞻性消费者对卖方预售策略的影响。Cachon & Swinney(2007)研究了补充产品采购的价值,称为“快速响应”,在一个两期模型中第二期的价格总是降低,这个模型考虑了三类细分消费者,即短视的、寻求低价的(只在第二期购买)和策略型消费者。

以上文献如 Xie & Shugan(2001)等提出了在预售环节有必要考虑消费者的购买行为,但文章仅根据消费者对预售产品估价的不同,考虑了两类消费者,即高估价类型和低估价类型。考虑到消费者的异质性,部分文献将消费者又进行了进一步的细分,以更好地描述消费者策略行为。Prasad,Stecke & Zhao(2011)扩展了 Zhao(2010)的研究,把消费者分成两组,知情组(Informed)由了解预购选择的消费者组成,而未知情组(Uninformed)由不了解预购选择的消费者组成,研究了零售商在预售阶段的最优折扣、适中折扣和深度折扣策略。

Zeng(2013)和 Loginova et al.(2016)将消费者分为有以往购物经验者或已经体验产品者(Experienced)和无以往购物经验者或没有体验产品者(Unexperienced)两种,零售商有权先于生产进行销售,并提出了四种定价策略包括溢价预售、折扣价预售、正常销售价预售和没有预售。

这些学者的研究表明,当面对高估值、知情和有以往购物经验的消费者时,预售效果会更好。虽然近期的研究开始关注预售带来的不确定问题和消费者的策略型购买行为,但上述文献都没有考虑卖方在实施预售策略时,如何消除消费者的购买风险和降低库存成本问题。Zhao & Stecke(2010)等研究了单个零售商的两个销售时期的预售问题,基于对消费者风险规避偏好的考虑,相比被等价正剩余吸引,损失规避消费者更加厌恶负剩余(实现的价值低于预售价),并对比分析了零售商是否提供预售的问题。Nasiry & Popescu(2012)基于顾客策略等待行为分析,又研究了消费者后悔行为对卖方最优预售策略的影响。Karle & Möller(2016)考虑在娱乐门票和季节性或新产品的预售选择设置下,消费者损失规避对企业引导和市场结构的影响,证明损失规避对定价有反向竞争影响,对预购折扣有正向竞争影响。

另外,除了以上关注销售季节开始之前即预售期中的顾客策略行为,如 Xie & Shugan(2001),Shugan & Xie(2004),Gundepudi et al.(2001)和 Yu, Kapuscinski & Ahn(2009),这些论文都考虑了预售期消费者的价值不确定性和策略型消费者行为,有或没有供应商产能限制,也有少数论文关注销售季节开始后的策略型消费者行为。如 Mak(2008)检查当消费者是策略型时,在两期销售季节中库存约束和买卖方之间的时间偏好怎样影响卖方的利润。Liu & van Ryzin(2008)研究策略型消费者的产能有限模型中数量决策问题。Su & Zhang(2009)研究考虑策略型消费者预期缺货的可能性并在销售季节没有访问零售商时的报童问题。Yin et al.(2009)研究在考虑可能等待季后清仓销售的策略型消费者行为下,零售商可能展示所有可得产品,或一次只展示一件商品时的展示模式选择问题。

本书参照大部分预售文献对消费者的分类,主要考虑了预售期的消费者策略型行为,还根据消费者对产品估值不同,把消费者分为两类,即高估值类型和低估值类型消费者。在以后的扩展和延伸研究中,可以在本书基本模型基础上,同时考虑预售期中的策略型消费者和短视消费者,以及在整个销售期中的消费者投机行为,也可以考虑将消费者进一步细分。

（二）正常销售期中消费者策略型退货行为研究

早期关于消费者退货行为的研究主要是一些营销类研究文献，该领域大多数关于消费者退货行为的研究都假设当消费者的退货服从 Possion 分布等一般分布时，研究厂商的最优定价和库存控制策略（Cohen，Nahmias & Pierskalla，1980；Kelle & Silver，1989；Fleischmann，Kuik & Dekker，2002）。Davis et al.（1995）假设消费者事后价值是一个伯努利随机变量（即产品与消费者品味可能匹配或不匹配），研究消费者退货行为。Hess & Mayhew（1997）采用统计方法把消费者行为分为消费者购买行为（Consumer Purchasing Behavior）和消费者退货行为（Consumer Return Behavior）两类。一些研究假设消费者的退货行为主要依赖于购买产品的质量、产品的退货价格、产品的销售价格和不同退货策略等因素，即如果消费者对于预售产品价值存在较高的不确定，而且产品销售价格高于消费者对于产品的实际价值（Su，2009；Shulman，Coughlan & Savaskan，2009，2010，2011），或者消费者会基于卖方提供的不同退款金额的退货策略，如卖方提供的退款大于消费者对于预售产品的实际价值，或者如果产品质量低于消费者的心理预期等（Davis，Gerstner & Hagerty，1995；Davis，Hagerty & Gerstner，1998），都会导致产生消费者退货行为（Su，2009）。根据 PWC（2000）和 CEA（2002）的分析，消费者退货除了大多数是因为产品销售价格和退货价格大小的原因（如以上文献相关研究），还有很多消费者是基于获得预售产品的质量水平决定是否退货的。Li，Xu & Li（2009）研究了消费者的退货行为同时依赖于零售商提供的退货策略和产品质量因素的问题，并在此问题下探讨了零售商的销售定价、退货价格和质量等三类决策。

随着制造企业越来越重视科技创新和生产技术水平的日益提高，如 3D 打印技术和人工智能的应用，产品质量逐步得到改善，消费者退货的主要原因更多的是由于产品与预期存在差异、消费者不明确产品的使用方法、消费者的投机行为（Speculator Behavior）及消费者对冲动性购买后悔等因素造成的无缺陷退货，产品质量问题已经不再是造成已预购或预定消费者退货的主要原因。如 Xie & Shugan（2004）研究了在其他一些情境因素（如天气、同伴、消费者的心情、健康和工作计划安排等）影响消费者现场消费时，消费者取消服务行为对服务提供商定价策略的影响。Ferguson，Guide & Souza（2006）定义了消费者无缺陷退货的概念，研究零售商的不同差别定价策略导致的消费者无缺陷退货行为问题，及这类无缺陷退货行为下的供应链契约协调问题。还有其他一些因为消费者的投机行为（Chu et al.，1998）、厌腻行为（Caro & Martínez-de-Albéniz，2012）、后悔心理(Nasiry & Popescu，2013)、连带行为(Katz & Shapiro 1985；Li，Xu & Kannan，2012 等)和多渠道消费者购买行为而产生的退货行为研究。如 Chu et al.(1998)研究怎样阻止因为消费者的投机行为而产生的退货问题，比如消费者从没有打算购买产品而产生的不恰当退货(如在婚礼之前购买一个摄像机，或为了舞会购买一件礼服裙)。国内学者李辉和齐二石等(2015)研究了产能有限和无限时的预售策略，但是没有考虑消费者的策略型行为。

(三) 基于消费者参照行为的预售策略

消费者策略行为研究主要分析消费者面临单产品和单零售商预售模式的策略行为，以及这些行为对预售效果、正常期需求预测的影响。消费者参照行为是指在面临同一商家提供的多产品同时预售，或者不同商家同时提供的同类产品预售时，消费者做出的购买决策选择。如在现实中，为了更快更好地抢占市场，很多企业甚至在同一时间开始预售同类产品，以抢占更多的市场份额，例如 2012 年 6 月 28 日，360、盛大、北斗、小米四大国产手机进行了同日预售。为了尽可能吸引更多消费者，提高市场占有率，企业越来越重视市场细分，甚至同日推出不同档次的类似产品，例如苹果公司在进行 iPhone 5S 预售时，同时推出配置较低的同类产品 iPhone 5C 进行预售。然而，虽然不同企业同时预售，均提供各种优惠，但预售的效果却各不相同。即使同一企业对两种相似产品进行预售时，不同的产品预售结果也不尽相同。之所以会出现这样的现象是因为在多替代品和多品牌竞争条件下，产品之间的强替代性使消费者对产品的感知价值变得更加难于捕捉，使企业的预售决策变得更为困难。因此，在替代产品预售和竞争环境下的预售问题中，企业不仅要考虑消费者在购买时机方面的策略行为，也要考虑消费者在不同产品及不同企业之间的选择行为，预售模型也变得更为复杂。

目前关于这方面的相关文献还比较少，McCardle et al.(2004)研究了竞争环境下多个品牌零售商之间的最优预售策略，将预售竞争环境分为一个零售商提供不同产品预售、两个零售商同时提供预售和两个零售商均不提供预售三种类型，研究结果表明如果有一个零售商提供预售，那么竞争环境下的均衡结果就是两个零售商同时提供预售。Loginova(2016)研究竞争对预售利益的影响，构造了不同消费者和两个生产不同品牌企业之间的两期定价设置博弈，一部分消费者喜欢一个品牌，其他消费者喜欢另一个品牌，证明当消费者关于喜欢的品牌价值不确定时，竞争能够提高预售的好处，当两个品牌有更强替代性时，在竞争环境下，企业更有动机采用预售策略。Cachon & Feldman(2017)研究了两个企业的同步预售问题，文中假设两个企业各自推出一种新款产品，而且新产品需求还具有一定的替代性，研究发现消费者的策略型选择行为和退货行为都会影响到企业的预售策略，在某些情形下预售反而不是最优的选择。由于多产品和竞争环境下的预售具有很强的现实意义，情况也更为复杂，因此，关于这方面的研究将是未来预售领域的研究重点。

由于竞争环境下的预售策略模型比较复杂，所以本书没有研究基于消费者参照行为的竞争环境下预售，而是研究垄断环境下基于消费者策略行为的预售定价策略和预售价格保证机制，以及基于消费者策略行为和退货行为的预售退货保证机制。

## 三、基于消费者行为的预售保证机制研究

由于正常期销售价格的不确定性，导致了消费者预购风险增加，进而减少预售需求，消费者被卖方的频繁降价促销活动训练得越来越聪明和复杂，出现消费者策略型行为即推迟购买（Zhang，2013）。因此，随着预售定价研究的深入，很多学者开始研究当面对越来越复杂的策略型消费者时，提出了事后价格匹配（Posterior Price Matching，如 Butz，1990；Lai et al.，2010；Xu，2011 等）、价格保证（Price Guarantee，如 Li & Zhang，2013；Loginova，2016 等）、价格承诺（Price Commitment，Chu & Zhang，2011；Nocke et al.，2011 等）和退货（Return，如 Gallego et al.，2009；李勇建，2012 等）保证机制对卖方定价策略的影响，在预售文献中，主要研究的是后三种保证机制对预售策略的影响。

### （一）基于策略型消费者行为的价格保证机制

Png（1991）是最早研究两期定价问题中最惠顾客保证（即价格保证）策略影响的论文之一，在 Png 的模型中，卖方想要销售固定库存给两类消费者，市场总规模是确定的，但是实现的两类消费者的需求数量是不确定的。Lai et al.（2010）研究价格匹配对预售决策的影响，研究表明当卖方使用了价格保证机制，保证降价发生时为提前购买消费者提供价格补偿的事后价格匹配策略时，能够消除消费者的等待动机，并且能够增加零售商在正常销售期的价格。Zhao & Stecke（2010）认为在正常销售期开始前，消费者对产品真实价值的估计往往是不确定的，这是因为在产品正式发布上市之前的预售期，即使可以通过虚拟展示和各种宣传报道了解产品，但是消费者依然无法对预售产品进行全面观察了解和体验，导致消费者无法获取足够充分的产品信息和准确感知产品的各种属性如颜色和尺码大小等，进而增加预售的不确定性。在此基础上，Zhao & Pang

(2011)又扩展了 Zhao & Stecke(2010)文献中的相关论述,对动态定价、价格承诺和预定价格保证三种策略进行比较。Li & Zhang(2013)则在假设不存在消费者估值不确定性的基础上,即高类型消费者和低类型消费者对预售产品的估值在预售期和正常销售期都是同质的,讨论价格保证策略对卖方预售效果的影响,分析得出精确地提前需求信息未必会提高卖方的利润。Loginova(2016)研究当市场规模和消费者估值均不确定时,卖方在实施预售策略时,是否应该提供价格保证,以及当消费者估值相同或者不同且差异较大时,卖方是否应该采用预售策略,并比较了预售价格承诺和预售价格保证机制对卖方收益的影响。

(二)基于策略型消费者行为的价格承诺保证机制

所谓价格承诺就是卖方在第一期即预售期开始之前,就宣布预售价格和正常销售价格,并保证在一定时间内价格是不变的(Chu & Zhang,2011;Nocke et al.,2011;Zhao & Pang,2011;Nasiry & Popescu,2012)。现实中,越来越多的商家为了消除顾客的策略型等待行为,诱使消费者尽快购买,也开始采用价格承诺机制。如 2016 年开始,每年的"双十一"和"双十二"前一周或者前十天,淘宝天猫和京东超市等各大电商平台及平台上的入驻商家就承诺现在购买价格和等待到"双十一"或"双十二"当天价格相同,甚至提供价格保护机制,即"双十一"或"双十二"当天及之后十天不会再降价,如果降价就马上退还差价。在 Chu & Zhang(2011)和 Nocke et al.(2011)论文中,假设市场规模为 1,不存在不确定性,因此,卖方可以采用预购折扣策略诱使消费者提前购买,Zhao & Pang(2011)假设零售商采用预售策略,并比较价格承诺、动态定价和预定价格保证机制,证明在价格承诺机制下,降价和涨价都有可能。

以上文献还考虑了消费者短视行为(见 Lai et al.,2010),而本书在研究基于消费者策略型行为的预售价格保证机制时,假设预售期到达的所有消费者都是策略型的,没有短视类型消费者。与本书密切相关的文献 Li & Zhang(2013)不同之处在于,Li & Zhang(2013)假设两期需求是相关的,并假设不存在消费者估值不确定性,而本书假设两期需求不相关,研究消费者估值随着预定量发生变化时对卖方采用的价格保证机制的影响。

(三)基于策略型消费者行为的退货保证机制

虽然一些网站可以帮助消费者提供未来价格趋势、相关专家的评论及其他消费者的使用心得,消费者也可以实时通过网络或实体店体验,更加准确地了解产品的相关信息以决定是否预定,选择恰当的购买时机甚至推迟等待产品降价时再购买,从而降低消费者由于产品与预期存在差异等原因而产生的退货行为。

但是由于在购买之前，消费者无法对商品进行体验，并且会和其他更多替代品的价值进行比较，以及消费者的心情和经济条件等其他原因（Xie & Shugan，2001），都将增加消费者对于产品价值和对预售产品或服务质量的不确定性，此时，即使零售商对预售产品提供一定幅度的折扣价格优惠，消费者也会对是否购买预售产品产生疑虑。所以消费者在拿到预定的产品之后，只要产品的实际价值低于消费者的心理预期或者退款不小于消费者对产品的实际价值，消费者都会提出退货退款申请。因此，随着越来越多行业的产品或服务提供者对预售策略的广泛应用，越来越多的企业对于预售产品或服务采用预售/预定和退货保证机制相结合的策略。在理论研究方面，由于在正常销售期拿到的产品与预期存在差异、消费者购买后悔（Nasiry & Popescu，2013）等因素造成的退货问题也引起了学者们的关注。

当消费者需求是内生决定的，并且依赖于企业的定价和库存决策时，消费者会关心价格风险（如不愿意现在购买是因为未来价格可能更有吸引力）和可得性风险（如潜在不可得威胁激起购买意图），也就是说，消费者估值是不确定的，因此如果产品实际价值低时，有可能与消费者估值不匹配，这种情况下，消费者退货政策能够用来鼓励消费者购买（Su，2009）。Davis et al.（1995）发现当零售商销售产品有足够高残值时，退货保证比无退货策略能给卖方带来更多的利润。Che（1996）证明当消费者是高风险规避或者零售商采购成本过高时，全额退款政策是最优的。Liu & Xiao（2008）假设消费者在购买之前对产品价值是确定的，但是产品和自己的需要不匹配，检验卖方提供的退货策略。Akan et al.（2009）研究消费者价值不同，而且消费者对于未来产品的实际价值属于私人信息，证明在不同到期日最优的退款契约计划。Shulman et al.（2009）研究零售商怎样使用价格、再储存费用和信息影响消费者的购买和退货行为。Su（2009）既研究了卖方提供的全额退款，又研究了部分退款策略，以及制造商和零售商之间的回购契约对退货策略的影响，证明全额退款对零售商而言是子最优的，并且发现对于每一单位退款产品提供的退款应该等于产品残值。国内学者姜宏（2011）采用 Su（2009）的研究思路，基于对消费者惰性退货行为的考虑，分析零售商的最优销售价格和最优退货价格策略。杨光勇和计国君（2014）考虑了策略型消费者的退货策略，但是只研究了高价正常销售和折扣价销售剩余库存以及是否降价销售退货产品，没有研究预售策略，也没有研究两期价格相同或者折扣价预售时，如何基于消费者策略型行为选择恰当的退货策略。以上文献都是研究零售商与消费者之间的退货政策，但是卖方都没有采用预售策略，也有些文献主要研究制造商与零售商之间的退货策略(如 Png,1997; Chiu,Choi & Tang,2010; Hsiao & Chen,2011 等)。

预售中的退货策略研究相对较少,Xie & Gerstner(2007)探索企业产能是有限时提供部分退款,并能再销售退货产品给其他消费者,让消费者取消预购服务的可能性,研究发现提供退款对企业和消费者都是有利的,因为企业获得了部分价格并能销售两次,而消费者对于不想要的产品又能够获得部分退款。Gallego et al.(2009)考虑销售看涨期权(解释为部分退款费用)给价值不确定的消费者,并且把预售和现场销售解释为没有退款和全额退款费用。Nasiry & Popescu(2013)检查当卖方采用预售策略时,如何利用退货策略减轻消费者后悔行为,以及受卖方产能约束时,部分退款对预售策略实施效果的影响。国内学者李勇建等(2012)研究在产品需求和消费者产品估价均不确定的情况下的预售策略和无缺陷退货问题,对比分析了不提供预售、提供全额退款退货服务的预售策略和提供部分退款退货服务的预售策略等三种预售策略。单汨源等(2015)研究了预售与正常销售集成模式下的网络销售企业提供给消费者的退货策略。

本书没有研究实施预售策略时的价格承诺保证机制和制造商与零售商之间的退货问题,而是研究了卖方采用预售策略时,结合实例,分析应该如何制定恰当的价格保证机制和退货保证机制,阻止消费者的策略型等待行为和退货行为,使卖方利润最大化。

### 四、基于提前需求信息的库存管理研究

Hariharan & Zipkin(1995)是早期在库存管理中考虑提前需求信息(Advanced Demand Information,ADI)的论文之一。Eppen & Iyer(1997)提出零售商能够使用更新需求信息转移库存到工厂直销店。Gallego & Özer(2001,2003)、Özer(2003)和 Özer & Wei(2004)研究从客户预购订单获得的提前需求的库存管理。其中,Gallego & Özer(2001)研究具有不同提前需求信息(ADI)的周期回顾模型,他们证明采用修正的(s,S)政策是最优的,无论何时库存到达或低于 s,就用补货提高修正库存位置到 S。Gallego & Özer(2003)和 Özer(2003)分别延伸这个分析到多级模型和配送系统。所有解释提前需求信息(ADI)好处的其他相关模型在 Bourland et al.(1996)的两级供应系统中。Özer & Wei(2004)使用额外需求更新模型化限量的离散时间生产—库存系统中的提前需求信息(ADI),他们特征化提供基本库存水平的近似最优,并调查提前需求信息(ADI)的价值。Tang et al.(2005)处理配给和不完美提前需求信息(ADI)问题,

但在有两期和两类需求的离散时间设置中，不完美提前需求信息（ADI）对应一个能被用于更新未来需求分布的信号。Wang & Toktay（2008）分析具有提前需求信息（ADI）的库存管理和被称为柔性交付的早期配送可能性，除了允许柔性交付，使用的模型与离散时间、无产能限制、Gallego & Özer（2001）的提前需求信息模型相关。Gayon et al.（2009）是第一个模型化具有多个需求类别的系统中的不完美信息，并考虑提前需求信息（ADI）怎样被用来影响生产和库存分配决策。本书也考虑了提前需求信息和价格及库存（即订货量）之间的关联，并通过分析位于不同区间预定量的变化参数反映提前需求信息对卖方订货量的影响。

综上所述，基于顾客行为的预售定价及保证机制的理论方法和框架的研究还处于起步阶段。本书在以上文献研究基础上，不仅考虑了消费者对产品估值和需求的不确定性，还扩展研究了消费者估值随预定量发生变化时，对卖方采取预售定价策略和价格保证机制的影响。并将明确考虑当卖方面对无限/有限产能和有限销售期时，存在库存剩余和缺货风险的情况下，如何利用预售期提供的销售数据，分析消费者策略型行为和退货行为对卖方预售策略的影响，制定最优预售期价格和正常销售期价格，及选择合理的预售保证机制。

## 第四节 研究框架

本书的研究框架主要分析了基于顾客行为的预售定价与保证机制的研究方法与技术路线，整个研究中的重点与难点，以及本研究对预售策略领域的贡献。具体内容如下：

### 一、研究目的

通过梳理消费者行为和预售策略的理论框架，本书将消费者行为与预售定价和产能或库存优化策略联系起来，以提高消费者需求预测的准确性，降低企业降价甚至清仓销售的机会，降低企业产品缺货或者产品积压导致库存大量增加的风险，最大化卖方的利润和消费者效用。研究通过考虑消费者的策略型行为和选择退货行为，分析影响消费者估值不确定的因素，构建卖方预售定价和最优订货量确定模型，以期有效地指导卖方选择合适的预售保证机制。

### 二、研究思路

本书以“提出问题→分析问题→解决问题”的逻辑顺序展开。首先，根据前期准备，分析预售策略实施背景，明确基于顾客行为的预售策略研究选题的意义。通过对国内外有价值预售策略研究的梳理，了解现有相关研究内容，提出本书研究的理论贡献与所要研究的问题。

本书研究的技术路线遵循以下思路展开：相关理论框架→基于顾客行为的预售策略理论研究→基于顾客行为的预售策略应用研究→基于顾客行为的预售策略建议及研究展望。

## 三、研究方法

基于以上研究思路，本书采用定性和定量分析相结合、理论研究与实证分析相结合的方法展开研究。整个研究涉及供应链管理、收益管理、动态定价、库存控制、消费者行为等相关理论，应用了动态规划、随机过程、系统优化、合作博弈、非合作博弈以及数值模拟等方法，是基于多学科知识，研究企业运营优化策略和价值创造的主题，其中主要应用方法如下：

### （一）动态规划

动态规划（Dynamic Programming）是运筹学的一个分支，既是研究决策过程最优化的一种理论和方法，又是解决多级决策过程最优化的一种数学方法。这类多级决策主要是建立在整体优化的基础之上。所依据的基本理论是由Bellman提出的最优性原理。动态规划都是把比较复杂的问题划分为若干阶段，变量及其指标函数的状态会随着这些若干阶段的变化而变化，逐阶段地解决优化问题并最终达到全局最优化。动态规划自问世以来，在生产调度、工程技术、经济管理和最优控制等方面都得到了广泛的应用。例如设备更新、排序、最短路线、装载、库存管理和资源分配等问题，采用动态规划方法比用其他方法求解会更有效。

本书在分析卖方的预售定价机制时，由于部分消费者的估值会随着预定量发生变化，所以正常销售期产品的价格也是随着时间或者消费者的产品价值变化而变化的，并且在不同的模型设置中，分别与价格决策、自身产能、库存和消费者需求相互影响。因此在本书中，企业每阶段的价格决策都将立足于动态规划的思想，企业的利润（收益）最大化目标的决策将是动态规划和动态博弈的综合问题。

### （二）随机过程

随机过程（Stochastic Process）是一连串随机事件动态关系的定量描述。随机过程论与其他数学分支如位势论、微分方程、力学及复变函数论等有着密切的关系，是在自然科学、工程科学及社会科学各领域研究随机现象的重要工具。随机过程论目前已得到广泛的应用，在诸如运筹决策、经济数学、安全科学、可靠性及计算机科学等很多领域都要经常用到随机过程的理论来建立数学模型。

由于不同预售策略下顾客对预售产品价值和顾客需求都存在不确定性，即顾客在提前期对未来正常销售期产品的价值存在不确定性，由于是在预售期结束以后确定订货量，所以正常销售期的顾客需求也存在不确定性。因此，本书在刻画各零售商面临的不确定需求或不确定的消费者价值时，需要假设顾客到达率或者顾客价值服从某一随机概率的分布，并且为了简化分析和运算，需要假设各个时间顾客的到达率或者不同销售时期的产品可得率服从一定的规律。这需要用到随机过程中的一些分布特征。有了这些分布特征，才能为企业的预售定价决策提供更有利的支持。

（三）博弈论

博弈论（Game Theory）属应用数学的一个分支，目前在管理学、营销学、军事战略、计算机科学、经济学和其他很多学科都有广泛的应用。博弈论包括博弈参与方的合作性博弈和非合作性博弈。由于合作博弈论比非合作博弈论复杂，所以，在理论上的成熟度远远不如非合作博弈论，经济学家们在目前所谈到的博弈论一般都是指非合作博弈论。

本书研究运用了非合作博弈和合作博弈方法，通过非合作博弈描述不同预售机制下的价格保证机制问题，应用非合作博弈论中的定价博弈方法，求解预售期和正常销售时期企业间的均衡预售策略，使得企业在制定不同预售策略时，选择最优的预售价格；而合作博弈的应用是为了研究企业提供全额退款或部分退款和顾客退货行为下的需求，并将此作为预售定价策略制定和库存或者产能优化策略的重要依据之一。

## 第五节　研究内容

本书主要从以下几个方面进行基于顾客策略型行为的预售定价和预售保证机制研究：

### 一、研究内容的结构

（一）基于顾客策略型行为的预售策略理论基础

明确预售定价和预售保证机制理论基础是进行预售策略优化研究的前提。

首先，识别并分析消费者行为理论，分析影响消费者购买和选择决策的因素，能够帮助零售商制定更加恰当合理的预售策略；其次，在考虑消费者行为的基础上，需要考虑消费者和卖方之间的博弈，即应用理性预期均衡理论分析参与者之间的博弈过程和博弈结果，有利于卖方制定合理的预售价格机制；最后，梳理考虑不同消费者行为的预售策略模型，分析总结报童模型的主要内容和应用，为本研究提供各种研究思路与方法，也是重要的研究准备前提。

（二）基于顾客策略型行为的预售定价策略

本部分内容主要是考虑消费者的策略型购买行为对卖方预售定价策略的影响，分析卖方如何利用消费者价值的不确定性制定合理的预售定价策略。卖方在实施预售策略时，不仅要考虑消费者的策略型购买行为，还要考虑低类型消费者价值随高类型消费者的预定需求量发生的变化，即低类型消费者的价值如何受预售结果的影响，对比分析了卖方在实施预售策略和没有采用预售策略时的利润变化，以及预定量变化和随之调整的消费者产品估值对卖方利润及是否应该采用预售策略的影响。

（三）基于顾客策略型行为的预售价格保证策略

在研究分析预售定价策略的基础上，本部分内容研究为了诱使策略型消费者尽可能早地提前购买，向消费者提供可信的价格路径，卖方是否应该提供预售价格保证机制，以及应该提供怎样的预售价格保证机制，并与不提供价格保证机制时的预售策略和无预售策略的绩效结果进行对比分析，研究高类型消费者预定需求均值和低类型消费者估值的变化对四种预售策略的影响。

（四）基于顾客策略型行为的预售策略案例

在这一部分内容中，本书将所研究模型用于企业预售实践，选择宁波一汽丰田 4S 店和苹果授权经销商进行实地调研，识别两个企业预售中需要解决的问题，获得研究所需的实际相关数据，进行仿真与分析，分别提出针对两个企业的产品预售定价策略、价格保证机制选择的建议。另一方面，在前面分析消费者策略型购买行为的基础上，结合消费者在正常销售期拿到产品之后可能出现的退货行为，以及手机预售实例，分析卖方在实施预售策略时，是否应该提供退货保证机制，以及应该提供怎样的退货保证机制，包括退款金额的确定和退货产品能否在正常期再销售等退货政策对卖方利润的影响，最后通过采用苹果手机预售时的相关数据，对比分析几种预售退货保证机制的绩效（用卖方期望利润衡量）。最后，本书还根据案例实证分析结果反馈，修改与完善理论模型，提出未来可以研究的方向。

（五）基于顾客策略型行为的预售策略建议及研究展望

根据对预售定价和预售保证机制理论研究的梳理，分析消费者策略型购买行为和退货行为对卖方预售定价策略、预售价格保证机制和预售退货保证机制的影响，本书提出企业预售即将发布上市新产品时的相关策略建议，以期为准备采用预售策略或者已经实施预售策略的企业提供有效的理论指导，并结合研究现状和预售策略应用实际，提出未来研究方向。

## 二、研究重点与难点

本书研究的重点与难点可以从以下几个方面分析：

第一，确定影响预售策略的顾客策略型行为即顾客选择购买行为的影响因素，并构建基本的预售策略模型。其中，相关参数的准确表述和科学统计分析是关键。

第二，确定企业制定预售价格策略与顾客策略型购买行为和退货行为博弈的过程，构架博理性预期（Rational expectation，RE）均衡模型，确定预售定价策略的均衡解，即预售期价格和正常销售期价格的确定。

第三，基于对预售中可能出现的不同顾客行为的考虑，构建即将发布上市新产品的预售定价优化模型，求出最优预售定价和库存或产能优化策略，制定恰当的预售价格保证和退货保证机制，并探讨其在实践中的应用可行性。

## 三、本书的创新之处

预售策略的实施主要是利用了消费者价值的不确定性，以及未来产品可能面临缺货的风险，通过价格保证或者退货保证机制可以刺激高类型消费者尽可能早地提前购买。而在国内现有文献中，从顾客行为视角出发，对预售定价和预售保证机制理论方法和框架的研究还处于起步阶段，尚缺乏系统研究。因此，本书将系统地探讨即将上市新产品的预售定价、价格保证机制理论和退货保证机制的方法和框架，使其日臻完善。为全面分析消费者策略型购买行为对卖方预售策略的影响，本研究主要做出了以下四个方面的贡献。

第一，部分预售文献假设两个销售期的需求相关，而本书假设两类消费者的需求不相关，而是根据实现的高类型消费者预定需求量对低类型消费者估值的影响，体现提前预定需求信息对卖方预售策略的影响，包括卖方最优预定价格和正常销售期价格的确定，以及价格保证机制选择的影响。因此，将离散选择模型应用于描述顾客的选择购买行为，用随机过程描述消费者需求，以实现对需求的有效预测，并在考虑消费者估值根据预售结果发生变化的预售策略下，寻求预售定价均衡解，可能成为本书创新的重要环节。

第二，本书与相关预售文献研究不同的是，不仅考虑了第二期产品价格的下降，也同时考虑到第二期价格与预定价格相同的情况，对混合动态定价策略的研究具有一定的挑战性，是本书的另外一个重要创新点。

第三，预售价格的确定与产能或订货量密切相关，但顾客通常无法了解预售产品的具体产能或订货量。这一信息不对称因素使得一般的非合作博弈理论难于被用来寻找买卖双方达成的均衡价格。因此，本书假设顾客对卖方的信息有足够的了解，并假设消费者市场规模和卖方产能保持不变，根据高类型消费者需求与卖方产能的关系，分为两种不同情况进行分析求解。

第四，卖方通过采取全额或部分退款的退货策略，争取更多对价格敏感的潜在顾客，以是否提供退货策略博弈的思想构建定价模型，求解提供全额或部分退款策略和实施不同退货策略后预售价格的确定，并在此基础上，对卖方实施最优预售期定价和正常销售期的定价及退货保证机制提出建议，是一个全新并具有挑战性的研究，本书期望取得一些突破。

# 第二章 基于顾客策略型行为的预售策略理论基础

与不考虑消费者行为因素的预售策略相比，基于顾客行为的预售策略会更加复杂，对卖方采用何种预售策略提出了更为严峻的挑战。因此，卖方有必要重新审视和全面了解消费者行为，在制定预售策略时，能够考虑到消费者行为对卖方收益的影响。因此，当卖方考虑消费者行为时，不仅要制定合适的预售定价策略，还要针对消费者的行为选择恰当的预售保证机制，所以，本书研究应用的主要理论包括消费者行为理论、理性预期均衡理论和报童模型理论等。

## 第一节 消费者行为理论

近年来，随着互联网和物联网的快速发展，人们的经济生活已经开始全面进入网络数字化时代，大数据技术也已被广泛应用于政府、科研、市场营销、生产制造、零售和运输及物流等各个领域。卖方可以充分利用大数据库提供的消费者信息，预测销售趋势和掌握消费者的需求以及消费习惯、偏好、地理位置等信息，实施精准营销，获得更高收益。如阿里巴巴通过大数据的分析和应用，在 2016 年“双十一”当天，其天猫和淘宝两家网站实现交易额 1 207 亿元，其中无限交易占比 82%。同时，消费者也可以通过手机等移动网络随时进行网络搜索或者进入比价网站等，即刻获取将要购买商品的具体信息，如未来价格趋势、已体验该商品的顾客评价等信息，有些网站如 Microsoft’s Bing Travel（Formerly Farecast）甚至在消费者准备预定（Pre-order）时，基于价格上涨或下降的可能性，给出等待或者购买的建议，这将有助于消费者做出正确的购买决策，但却不利于卖方制定合适的预售定价策略和预售保证机制。因此，有必要对基于消费者行为的预售策略的现有研究进行归纳整理，让更多的人了解和参与，推动消费者行为理论的发展及在运营管理中的实践应用(王叶峰等,2017)。

## 一、消费者行为的概念、构成及分类

黄维梁在《消费者行为学》(2005)中提出狭义上的消费者行为仅仅是指消费者的购买行为以及对消费产品或服务的实际消费。广义上的消费者行为是指消费者为了使用、索取、处置消费物品或服务所采取的各种行动以及先于且决定这些行动的决策过程,甚至包括消费收入的取得等一系列复杂的过程。

消费者行为可以看成是由两个部分组成:一部分是消费者的购买决策过程。购买决策是消费者在索取、使用和处置所购买的产品或服务之前的心理活动和行为倾向,属于消费者消费态度的形成过程;另一部分是消费者的实际购买行动。消费者购买行动更多的是购买决策的实践过程。在现实的消费生活中,消费者行为的这两个组成部分相互影响和相互渗透,共同构成了消费者行为的完整过程。消费者行为研究主要是为了理解购买者包括个人和组织做决策的过程。

Elmaghraby & Keskinocak(2003)和 Cachon & Swinney(2009)都将消费者分为策略型(Strategic)和短视型(Myopic)消费者。其中短视型消费者为冲动型消费者,不会考虑产品未来价格的降低,只要打算购买时的产品定价小于其对产品的估值就会做出购买决策。一般短视型消费者也都是对产品价格不敏感的消费者,这类消费者的购买行为使得企业在制定营销定价策略时,可以不需要考虑产品未来的可能降价对当前消费者购买意愿的影响。而与短视型消费者购买行为明显不同的是,策略型消费者一般对产品价格比较敏感,因此会积极预测评估企业的营销定价策略,甚至预测企业未来的产品定价趋势,然后将未来购买可能获得的预期效用与当前购买获得的消费效用作比较,经过权衡利弊以后,会选择最优的购买时机来最大化自己的期望效用。也就是说,策略型消费者能够根据企业的营销定价决策做出理性的选择。Zhou et al.(2009)指出策略型消费者区别于非策略消费者的两个特征:若当前价格高于消费者的保留价格,非策略消费者会立即离开,但是策略型消费者会选择等待以期价格下降;若当前价格低于消费者的保留价格,非策略型消费者会立即购买,但是策略型消费者可能会推迟购买以期在更低的价格买入商品。

## 二、基于大数据的消费行为识别

国际数据公司(IDC)的研究报告预计:2020 年全球被创建和被复制的数据

总量将达到35ZB。但截至目前,企业界和学术界对于大数据的概念还未形成公认的准确定义。维基百科将大数据定义为“无法在一定时间内用常规软件工具对其内容进行抓取、管理和处理的数据集合”。目前,关于大数据的应用研究主要集中在大数据的获取、存储、处理、挖掘和信息安全等方面。如冯芷艳等(2013)提出,在网络条件下企业能够记录或搜集顾客在各个渠道、生命周期各个阶段的行为数据,从而设计出高度精准、绩效可高度定量化的营销策略。同时,电子商务中的实时价格比较服务也为顾客提供了更大的价格透明性,使消费者行为变得越来越复杂,因而大数据对消费者的购买意愿有正面和负面影响。Fang & Li(2014)分析了大数据对于安全系统、推荐系统、信用系统、信息搜索和虚拟体验等方面消费者行为的影响。王宗水和赵红(2015)认为:由于越来越多的消费者喜欢通过网络交流消费经历、感受,并且对消费结果做出评价,那么经过一定时期的积累,必定会形成大量反映顾客整体满意度的数据;这些大数据对于顾客满意度以及消费者行为均具有一定的影响。Stoicescu(2016)认为大数据是分析消费者行为的完美工具,通过大数据分析可知只有57%的消费者会做出购买决策,其余消费者推迟或者不购买产品。因此,卖方需要通过大数据分析来了解消费者行为特征、潜在需求和市场趋势(Mehta,2015)。

## 三、策略型消费者行为研究及方法

随着市场经济的发展和人们消费水平的不断提高,以及卖方频繁采用的各种促销策略,使得消费者积累了非常丰富的购物经验,特别是移动互联网的快速普及和大数据平台的广泛应用,消费者越来越容易通过移动互联网和大数据平台获得市场上的相关产品信息,导致越来越多的策略型消费者更加理性和复杂。根据相关文献研究,如Besanko & Winston(1990)早就提出在耐用品定价策略中,如果卖方忽视消费者的策略型等待购买行为,会导致企业损失50%的利润。Anderson(2003)分析当有10%的消费者对价格比较敏感(属于策略型消费者),理性预期机票一定会降价而选择等待合适时机再预定时,航空公司至少会损失1%的利润。

策略型消费者行为研究最早可以追溯到20世纪70年代。诺贝尔经济学奖得主科斯(Coase)早在1972年,就对耐用品的垄断销售中出现的消费者策略型等待购买行为进行了研究,分析得出即使是一个垄断的生产制造供应商或者零售商,当面对消费者的策略型等待时,也不得不让产品的销售价格等于边际成本,从而只能获得零利润,这就是关于消费者策略行为的最早相关研究。其实,科斯(Coase)(1972)模型中的消费者等待行为可以被看作是策略型消费行为的雏形,尽管该研究仅着眼于耐用品的垄断销售,但为后来的策略型消费行为在经济学、营销学和运营管理等学科领域的相关研究提供了启示和引导。

策略型消费行为研究的主要方法有:①定量研究方法。即以博弈论为基础建立相关的数学模型,均衡解都是通过理论推导获得的,模型解的可行性则是通过数值模拟仿真验证的。②实验研究方法。即为了获得关于消费者行为的相关数据,需要设计行为模拟实验获得,消费者的行为决策模型也是通过对相关数据进行分析拟合等归纳得到的。这也是近年来新兴的一种研究方法,有助于确定重要的模型参数,从而深入分析影响消费者行为决策的各相关因素。③实证与案例研究方法。即进行统计分析与模拟仿真的相关数据都是通过实证方法获得的,并对相关规律进行归纳整理和理论总结。

有关策略型消费行为的研究基本都综合运用了行为营销学、经济学和管理科学等多学科领域的理论,并将消费者行为与传统的运筹管理结合起来,分析研究消费者的策略型决策规律及特点。一些国际知名期刊也积极刊发探讨有关消费者行为问题的学术论文,所涉及的期刊主要包括以下三类:第一类为营销科学方面的学术期刊,如《Marketing Science》《Journal of Marketing》和《Quantitative Marketing and Economics》等;第二类是运筹与管理科学类学术期刊,如国外的顶级 A 类核心期刊《Operations Research》《Management Science》《Production and Operations Management》和《Manufacturing & Service Operations Management》等;第三类是经济学方面的学术期刊,如《Bell Journal of Economics》《Quarterly Journal of Economics》和《Rand Journal of Economics》等期刊。其中,定量研究论文大多发表在国外的运筹学和管理科学核心期刊上,而实证研究及案例分析论文大多发表在国外的营销类核心期刊上。

本书主要采用定量研究和实证与案例研究两种方法,研究卖方实施预售定价策略时,利用消费者估值的不确定性,尤其当考虑低类型消费者的估值会随着预售期高类型消费者预定量的变化,而调整自己的估值时,消费者的策略型行为对卖方预售定价和订货量的确定和利润的影响,也结合实例分析了在卖方提供价格保证策略和退货保证策略时,消费者的策略型选择行为和退货行为。

### 四、基于策略型消费者行为的运营管理研究

自 Naor(1969)和 Coase(1972)研究以来,策略型消费者行为也逐渐成为行为运营管理研究的热点领域(Gino & Pisano,2006;Shen & Su,2007;刘作仪和查

勇,2009)。

关于策略型消费者在运营管理中不同方面的研究主要包括定价(Mandelson,1985;Masuda & Whang,2006;Su,2007;Elmaghraby et al.,2008;Aviv & Pazgal, 2008;Cachon & Swinney,2009)、产能分配(Liu & van Ryzin 2008)、库存及库存展示方式(Su & Zhang,2008;Yin et al.,2009)、快速响应策略的实施(Cachon & Swinney,2009;Swinney,2011;Yang et al.,2015)、价格承诺(Aviv & Pazgal 2008)、新产品推出策略(Liang et al.,2014)和再销售(Su 2009)等。Hassin & Haviv(2003)和 Netessine & Tang(2009)提供了更多策略型消费者行为方面的例子。相关研究基本都涉及单产品需求和多产品需求两种模式下的时尚产品、耐用品(Durable Product)和易逝品(Perishable Product)的周期性定价、跨期差别定价和动态定价等营销定价策略问题。所谓易逝品是指库存或者产能数量有限,而且产能和销售期都固定,产品价值随时间的流逝而变化,销售期结束后产品的残值为零或很低的产品(Zhao & Zeng,2000)。在供应链与运营管理领域,一些文献还基于对策略型消费者行为的分析考虑,研究供应链协调机制及供应链的绩效。因此,已有的国内外文献主要针对消费者策略行为的动态定价策略进行研究,更加详细的文献述评可参照 Shen & Su(2007) 的论文。

### 五、策略型消费者购买行为对预售策略的影响

在预售管理文献中,有大量文献研究的都是基于顾客策略行为的预售策略,例如包括 Xie & Shugan(2001),Gallego & Sahin(2010)和 Yu et al.(2015)。预售策略中的消费者策略型行为研究主要分析消费者面临单零售商和单产品预售模式的策略行为,以及这些行为对正常期需求预测、预售策略实施效果的影响。预售文献中的产品销售一般都分为两期,即第一期(预售期)和第二期(产品正式发布上市后的正常销售期),并假设预售期中的消费者购买行为是策略型的,而且消费者价值是不确定的(如 Prasad et al.,2010)。因此,消费者面对卖方提供的预售策略时,需要做以下购买决策,假设消费者是风险中性的,即最大化自己的期望效用,则会比较在预售期预购和策略型等待到正常销售期购买时的效用。如果消费者在预售期预定,则期望效用为消费者对于产品的不确定价值 $V$ 和预定价格 $p_1$ 之间的差。相反,如果消费者等待到正常销售期购买,则要面临缺货风险和降价的可能,则消费者期望效用为消费者对产品的实际价值 $v$ 减去正常销售期的价格 $p_2$ 差,再乘以第二期即正常销售期产品可得率 $\xi_2$。具体购买决策过程见图 2.1。有关基于顾客策略行为的预售文献详细述评还可参照 Liu & van

Ryzin(2008)的论文。

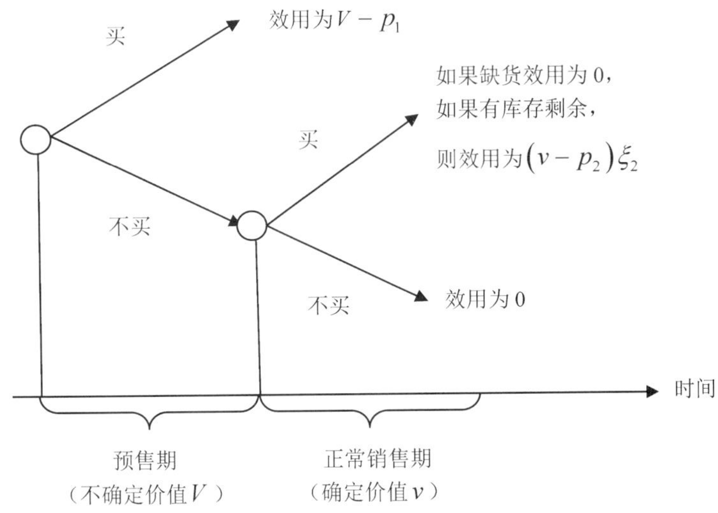


**图 2.1 预售策略中的消费者不同购买决策效用**

目前，已有国内外文献主要针对卖方采用预售策略时，在第一期即预售期中消费者是否预定时的策略型等待行为进行了研究(Shugan & Xie，2004；Prasad，Stecke & Zhao2010；Li & Zhang，2013；Yu et al.，2015)，相关研究涉及单产品(即将发布上市的新产品)和多产品同时发布时的跨期差别定价和动态定价问题。Xie & Shugan(2001，2004)虽然提出在预售环节卖方需要考虑消费者的策略型购买行为，但是也仅仅考虑了高估价和低估价两种类型消费者，此外文章没有考虑即将发布新产品或服务，也就是预售产品或服务与消费者的策略型选择行为问题。Cachon & Swinney (2007)把消费者分为短视的、寻求低价(Bargaining Hunter)的(只在第二期购买)和策略型消费者三种。

随着现代科技和信息技术的提高，特别是消费者通过移动互联网的快速普及和智能手机 APP 软件的广泛开发和应用，卖方无论实力大小都有能力实施复杂的定价策略，预售就是这些定价策略中的一种。前面已经主要介绍了垄断环境下基于消费者行为的各种预售策略研究，然而，竞争环境下的预售策略也是符合实际的，而且竞争环境下的预售策略包括在预售期竞争者之间的竞争，和卖方自己在不同时间发布的预售产品之间的竞争。影响竞争环境下预售策略实施效果的是相对于所有市场消费者中的卖方忠诚顾客，即采用预售策略的卖方拥有的粉丝数量，只要价格不大于这些忠诚顾客对产品的估值，他们就不会转向另一个卖家。另一类消费者就是非忠诚顾客即切换型消费者(Shugan & Xie，2005)。

由于本书只研究垄断环境下基于顾客策略行为的预售策略，所以也参照其他研究垄断环境下预售的相关文献，按照消费者对产品估值的高低，把消费者分为两类，即高估值类型消费者和低估值类型消费者。主要考虑高估值类型消费者的策略型购买行为和退货行为，没有考虑两个卖方或一个卖方同时预售不同商品的竞争环境，也就不需要考虑竞争环境下的消费者行为和分类，只设定在只有一个卖方预售一种产品的情境中，主要研究卖方在制定预售定价策略和选择保证机制时，消费者策略行为对卖方预定价格和正常销售期价格的确定和利润的影响。

## 六、消费者损失规避行为对预售策略的影响

当卖方采用预售策略时，消费者的购买行为和消费行为是分离的(Xie & Shugan，2000)，而且消费者在预售期预定时，对预售产品或服务的未来实际价值是不确定的，只有到了正常销售期消费者拿到产品或消费服务之后，消费者对产品或服务的估值才能确定，而如果消费者等到正常销售期购买，就会面临缺货的风险。所以消费者可能会有损失规避(Loss Aversion)或者风险规避(Risk Aversion)行为，而且消费者的风险规避可能会降低预售的利益(Che，1996；Prasad et al.，2011)。Xie & Shugan(2001)研究当消费者是策略型的并且是风险规避者时，卖方应该何时采用预售策略，以及如何确定预售价格。Zhao & Stecke(2010)是第一个研究考虑消费者损失规避预定策略的论文，按照消费者是否采取提前预定方式和是否损失规避两个维度将消费者分成四种不同类型，在考虑消费者的风险规避偏好的基础上，研究单个报童零售商的两阶段预售问题，对比分析零售商是否应该提供预售，比较了没有提前预定、只有损失不规避类型的消费者购买的适中折扣价格的提前预定以及损失规避和损失不规避的消费者都会购买的较大折扣的提前预定三种提前预定方式，对厂商期望利润的影响，主要贡献是研究了随机市场(个人价值和累积消费者需求都是随机的)中的预售策略。损失规避消费者也有可能是风险偏好者，在此基础上，Prasad，Stecke & Zhao(2010)分析预售阶段消费者产品估值不确定情形下，消费者预定产品的风险规避行为，研究发现即使在消费者存在风险规避行为的条件下，企业通过预售依然可以提高利润。但是，由于预售时存在消费者价值不确定风险，消费者的高风险规避行为会伤害零售商的利润。

在预售策略实施中，存在很多不确定性因素。例如消费者会在7月份以折扣价已经提前报名参加10月份的会议，而没有选择在10月份会议召开的前夕以全价报名参加，但是由于消费者未来偏好的不确定和工作计划等时间安排的冲突，所以，越接近会议举办日期，消费者可能越后悔提前预定。因此，有些预售策略文献考虑了消费者后悔行为的预售，预售中的消费者后悔行为不仅解释了购买者的惰性（延迟购买），而且也解释了购买者的狂热，如以负的消费者剩余购买（Su，2009；Diecidue et al.，2012；Nasiry & Popescu，2012）。Liu & Shum（2009）研究定量地第一期销售会使价值确定的消费者失望，而失望和后悔都会导致与实际相反的思考（Zeelenberg et al.，2000）。Nasiry & Popescu（2012）发展了一个行为模型，并检查了考虑不同类型消费者对于购买和非购买行为的后悔程度如何影响预售的吸引力，他们证明依赖于后悔类型，消费者可能更倾向于或不打算购买，这会影响预售策略的最优性。

综上所述，基于消费者损失规避行为的预售策略研究，没有同时考虑消费者策略型行为，而已有的大多数预售论文在假设博弈参与者都是风险中性者时，也没有考虑消费者的损失规避行为和风险偏好，所以，本书研究也没有考虑消费者的损失规避行为和风险偏好，和其他预售文献一样，也假设博弈参与方即卖方和消费者都是风险中性的，即卖方最大化自己的期望利润，消费者选择以最大化自己的购买效用为目标。

## 第二节　理性预期均衡理论

美国经济学家约翰·穆斯（John F. Muth）是最初提出理性预期思想的。1961年，他在美国的《经济计量学》杂志7月号上发表了一篇题为《理性预期和价格变动理论》（Rathional Expectations And The Theory of Price Movements）的论文，文章提出了理性预期假说的基本思想，主要是针对适应性预期（Adaptive Expectations）中的非最优特性而提出的。到了70年代，美国明尼苏达大学的托马斯·萨金特和尼尔·华莱士、罗彻斯特大学的罗伯特·巴罗教授、芝加哥大学的罗伯特·卢卡斯教授等人相继发表论文，系统地论述了理性预期理论，使理性预期假说的基本思想有了进一步发展，并逐渐形成了理性预期学派。

### 一、理性预期的概念和假说

所谓理性预期（Rathional Expectations，RE）就是指人们对于未来的预期与实际上将会发生的事实是一致的。理性预期学派认为:既然经济学所分析的对象之一是“具有理性的人”,或者说具有理性的、明智的人都是参与经济活动的主体,那么他们在对未来经济形势进行预期时,就一定会努力地想办法获取最完全的信息,并有效地充分利用这些信息,而不至于犯一些一贯会出现的预测错误。从这个意义上讲,当人们对未来的预期与实际上将会发生的事实相符合时,这种预期即为理性预期,这也是公众根据有关信息形成的这种预期。其中,这些信息不仅包括有关各种经济变量的因果关系,而且统计资料等信息也包括在内。所以,在理性预期条件下的人们不是被动的,而是积极主动的,他们由于事先掌握了充分的相关未来信息,又经过周密的思考和判断,因而所做出的决策基本上也都是明智的。

理性预期学派提出的理性预期假说的目的在于说明:既然人们能够进行理性的预期,那么他们也就能够根据可能得到的最充分的相关未来信息来进行决策。他们认为,参加市场活动的人们在进入市场以前,已经了解了已往市场变化的情况,人们在思想上是有准备的。当人们进入市场以后,他们首先会把过去的信息和现在的信息结合在一起,然后再据此做出准确判断。这样,人们就不会因为市场上的价格变化而感觉受到欺骗。由于他们的决策是有根据的,是经过深思熟虑的,所以,也就不会轻易加以改变。

理性预期假说可以说比过去的适应性预期假说更为科学地反映了经济行为主体的预期行为形成的实际过程。因为理性预期假说考虑到了行为主体在决策过程中,已经充分考虑了现有的经济信息对未来的经济变动可能产生的各种影响。同时,理性预期学派在提出这一假说的过程中,实际上也强调了预期在经济模型中所起到的重要作用,并且他们也开创了在技术上将预期因素引入经济模型的一种更好的方法。

## 二、理性预期理论要点

穆斯在《理性预期与价格波动理论》一文中假定:经济信息是稀缺的,经济体系不会出现浪费,而是充分利用了经济信息;而预期形成方式主要依赖于描述经济的有关体系构成;公众的预期对经济体系运行不会产生实质性的影响。

在上述假定前提下,穆斯提出其理论要点:其一,理性预期是使厂商利润最大化的预期,是人们有效地利用代价昂贵的信息后形成的,因而它是理性的,其结果与客观的理论预测也是一致的。其二,理性预期是对观察到的过去经验的规律性总结,它可以指导人们的经济行为。由于它与实际将要发生的结果是一致的，所以，理性预期可以构成经济行为的基础。其三，理性预期模型中存在的随机误差项，表明厂商和经济学家都不能无所不知地掌握一切信息，因而会对他们的产出行为发生影响。其四，最主要之点在于，理性预期模型说明，规则的经济政策不会影响实际经济行动。只有当经济体系受到预料之外的冲击时，才会使实际产量偏离其正常轨道。显然，这一结论部分地否定了凯恩斯主义经济政策的有效性。

由于穆斯的理性预期模型是理性预期理论的雏形，所以，还存在明显的缺陷与不足。70 年代后，卢卡斯等人循着这一思路，提出了更加较为完整、系统的理性预期理论。

理性预期主要采用宏观分析与微观分析相结合的分析方法，理性的心理预期方法具体反映在理性预期理论的分析前提中，即理性预期的三个基本假说：理性预期假说、自然率假说和货币中性假说。

理性预期模型开始于尝试把竞争性均衡概念一般化到不确定性经济学中。Grossman（1976）提出了完全揭示的理性预期均衡（Rational Expectation Equilibrium，REE）模型，Grossman & Stiglitz（1980）进一步拓展到部分揭示的、噪声理性预期均衡模型（Noise Rational Expectation Equilibrium，NREE），指出如果信息是私人的且有成本的，那么理性预期均衡价格将不再是完全揭示的。Grossman（1976）还在信息不对称的条件下证明，只要交易者具有理性预期，效用函数具有一定的特性，资源的配置就可以达到竞争性均衡时的状态，但完全市场中的信息有效是不可能实现的。在理性预期中，价格被看作是一种信号，市场价格汇总个体们的信息并把它传递给其他个体。因此，理性预期认为交易者是在使用一个关于价格函数的模型来预测未来的价格，该模型把当前价格看作是由其外生变量决定的函数。

理性预期均衡理论克服了不完全信息条件下传统均衡理论的局限性，并扩展为不确定性均衡，在管理系统领域具有广泛的应用价值。

### 三、理性预期理论在营销与运营管理中的应用

理性预期理论的均衡概念已经在营销和运营论文的各种设置中被应用。例如在运营管理研究中，Soysal（2008）假设消费者对流行服装的价格和库存可得性形成理性预期，然后使用结构评估获得的需求模型和确定未来库存可得性的预期在当期销售中起着重要作用。Su & Zhang（2009）采用理性预期（RE）范例，消费者对产品可得性形成预期，并依次做出是否购买决策，卖方对消费者行为形

成理性预期,并采取相应行动。Swinney(2011)研究面对前瞻性消费者时,快速响应生产的价值,假设消费者对未来价格形成理性预期,也就是正确地预期了正常价格,并利用理性预期假设推导均衡结果。Li & Zhang(2013)利用理性预期均衡模型分析卖方采用预定策略时,获取的提前需求信息对卖方利润的影响。国内学者计国君和杨光勇(2010)研究战略顾客下最惠顾客保证对提前购买的价值时,假设消费者在以折扣价购买的延迟购买期,对获得产品概率的信念与均衡可获得性一致。杨光勇和计国君(2014)利用理想预期理论研究考虑战略顾客行为对退货策略的影响,假设顾客对在第二期中获得产品的信念与实际均衡可获得性相同。

理性预期在本质上是一个均衡的概念,而不仅仅是指个人行为的理性预期假设,只有与市场均衡融合在一起时才能正确地理解理性预期以及理性预期均衡(Rational Expectations Equilibrium,REE)。理性预期均衡(REE)中的信息需求并不会更多,交易者只需知道产生均衡价格的随机过程。虽然市场出清理论告诉经济学家决定价格的根本性结构因子(如成本和需求函数的形式),但在达到均衡时,交易者不需要知道任何关于经济结构形式方面的知识,他们只需知道价格和决定产出的随机因子之间的关系。

目前,运营管理中主要基于理性预期假设的策略型消费行为研究模型已经建立,即消费者能够理性预期企业未来的各种运营决策,同时企业也能够预期消费者的未来决策,且他们的预期总能完全准确地符合将要发生的实际情况。

本书在研究卖方和购买方即策略型消费者之间的博弈行为时,应用了理性预期均衡(REE)理论。在描述理性预期均衡中消费者行为、最优价格和库存水平的特点时,理性预期均衡需要满足以下几个条件:①卖方基于给定消费者对产品实际价值的预期,确定价格和订货量决策;②消费者基于给定未来产品可得性的预期,做出他们的购买或等待决策;③每个参与者对未来的预期和实际结果都是一致的。

本书理性预期模型的基本框架包括:消费者会基于理性预期假设,根据卖方制订的产品预售定价策略,以及自己对于第二期即正常销售期的未来产品价格及可得率形成预期,以效用最大化为目标,决定立即购买或等待推迟购买;卖方对消费者的购买行为和产品估值形成理性预期,即对消费者最优决策的预期,以自身利润或收益最大化为目标,确定产品的最优预定价格、正常销售期价格和订货量策略。

# 第三节　报童模型理论

报童问题有着丰富的历史，可以追溯到经济学家 Edgeworth(1888)，他把报童问题应用于银行现金流问题的变化，所以，可以说报童问题就是源于 19 世纪 80 年代的银行业。然而，直到 1950 年，许多 OR/MS 模型被应用于二次世界大战中，报童问题才自此引起学术界的主要关注，并形成报童模型。如在 Whitin(1955)的报童模型中，可以同时确定销售价格和订购量。因此，报童模型自从 1956 年被首次提出就在学术界引起延伸研究，并获得了长足发展。

在基本的报童模型(Newsboy/Newsvendor Model)中，决策者面临单一产品在单一销售期期末残值为零的问题，决策者需要决定最优订货量以最大化自己的期望利润，报童问题的最优解就是在缺货时的期望处罚成本和过量订购产生的期望库存剩余成本之间的平衡。因此，报童问题其实就是典型的单阶段、随机需求模型，是随机库存理论的重要基础，目标是通过寻找最佳产品订货量，以最小化企业期望收益的损失或者是最大化企业期望收益。报童模型反映了许多现实情况，已被应用于航空业和酒店旅馆客房容量的管理和评估预定等很多领域。报童公式是许多供应链协调模型的基石，关于报童模型延伸的详细文献研究述评可以参照 Porteus(1990)的学术著作《Foundations of stochastic inventory theory》。

## 一、报童模型的概念和主要内容

报童模型是有名的运筹学模型，是易逝品经销商面对市场上不确定的随机需求时，做出最优订购量决策的数学模型。它是指由于易逝品经销商面对的市场需求不确定性较大，因此，经销商必须在销售期之前做出易逝品订购量的最优决策。由于易逝品生产提前期较长，而销售期又相对比较短，而且，经销商在销售期内一般只有一次订货机会，并且在产品缺货时，不能为了补充库存而进行再一次订货。所以，基于报童模型中的这些基本设置，易逝品经销商就只有想办法确定最优的订购量，只有适当的订购量才可以既满足顾客需求，又不会使易逝品经销商出现库存积压或者短缺的情况，相当于适当的订货量降低了易逝品经销商的库存成本，这样才能够使易逝品经销商获取最大期望利润。由于过多的订货量会使易逝品在销售期末的价值大大降低，在销售期末以低于成本的价格清仓销售，甚至期末残值为零，都给易逝品经销商带来了很大的损失。所以，经销商必须在库存过量和库存短缺之间进行权衡(Trade-off),以确定最优订购量,才能获得最大利润。

基本报童模型的一个延伸就是在决定订货量时考虑市场中出现的不同消费者行为。例如在期望效用理论框架下,Eeckhoudt et al.(1995)证明风险规避的报童会比风险中性的报童订购更少产品。Agrawal & Seshadri(2000)检查也要决定销售价格的风险规避报童,发现风险规避报童订货量多于或少于风险中性报童订货量,依赖于价格怎样影响需求分布。Wang et al.(2009)在期望效用理论框架下得到了反常结果,分析当销售价格增加时,风险规避报童订货量更多。

## 二、报童模型的研究现状

报童模型是典型的单周期(Single Period)库存管理模型,逻辑清晰,结构简单,描述了供应链与运营管理中的最优采购和定价等策略。国内外学者通过对报童模型的相关问题进行研究,已经取得了大量丰富的研究成果。报童问题其实就是一个经典的不确定性环境下的决策问题,许多报童问题文献已经检查了订货量问题和需求不确定性的影响(如 Edgeworth,1888;Arrow et al.,1951)。Khouja(1999)对报童模型及其扩展进行了汇总分类。Pasternack(1985)最早提出可以通过选择特定的契约使供应链达到协调状态,并基于报童模型详细分析了回购契约的协调机制。自此之后,许多国内外学者都是在报童模型背景下,提出了许多可以促成供应链实现协调的不同契约形式。Schweitzer & Cachon(2000)研究决策者在销售期之前确定订货量面临报童问题,如果订货量过多就会产生库存剩余,而订的过少又会产生缺货损失。在 Cachon(2002)中的第一个模型就是一个单一供应商销售给一个面对报童问题的单一零售商,在这个模型中,零售商在具有随机需求的销售季节之前从供应商处订购单一产品,而且只能订购一次没有补货机会,供应商接受零售商的订单之后再生产,并在销售季节开始把产品交付给零售商。Cachon 认为虽然报童模型不复杂比较简单,但是对于供应链协调中的主要问题研究来说已经足够丰富了,易逝品供应链契约的基本问题都可以运用报童模型的各种扩展形式解决,对于报童模型的第一个延伸就是零售商选择零售价格和自己的存货量,然后证明能够协调基本报童模型的许多供应链契约在扩展模型中将不再实现供应链协调;报童模型的第二个延伸就是通过允许零售商通过努力增加成本但却增加需求;报童模型的第三个延伸就是一个单一供应商销售给多个竞争的零售商。Su(2008)研究了报童模型中的决策者是有限理性(Bounded Rationality)的,在某种程度上,决策者容易出现错误。Nagarajan & Shechter(2014)研究前景理论和报童问题。Baron et al.(2015)考虑一个利润最大化的报童零售商,重复销售一种易逝品,并需要最大化他的长期平均利润,消费者对产品的价值是固定已知的,消费者是损失规避的,每一个销售季节的市场规模是随机的。国内学者赵泉午等(2004)运用报童模型和博弈论模型分析电子市场的易逝品两级供应链供需博弈;杜宾和邱菀华(2010)定义了两种理性预期均衡,并基于报童模型分析了零售商—顾客之间的交易行为,最后通过均衡和数值模拟分析,发现会进一步放大公开条件下或库存信息披露水平和收益,由此可以判断库存信息更新产生的信息价值。张义刚和唐小我(2013)在供应链融资方面,分析了制造商决策是否需要为零售商提供信用担保,从而确定关于最优批发价的报童模型。于辉和马云麟(2015)描述了订单转保理融资模式下的整个供应链运作现状,考虑供应链中零售商通过设定保理回报率收取担保费用,为供应商提供信用担保,建立的单周期报童模型是以收益最大化为目标的,探讨了保理回报率对订货决策及该融资模式对供应链绩效和效率的影响。

单周期报童决策问题已经有了广泛研究,比如带约束的报童问题(Khouja,1999)、考虑行为决策的报童问题(Wang & Webster,2006)、供应链报童模型(Weng et al.,2004;Özer et al.,2007)以及需求具有外部性的多产品报童问题(Dana & Petruzzi,2001)等。Hu et al.(2015)研究报童零售商销售给具有随机参照点的损失规避消费者问题。由于消费者进入超市购物时,越来越关注牛奶、水果、蛋糕等易逝性日用消费品,一天中可能会多次购买这类产品,并且有时是全价购买,有时是促销折扣价购买,这些产品如果在当天没有卖掉,就会马上被贴上打折标签。因此,越来越多的消费者就表现出了损失规避行为。而消费者价值是确定的,每一个促销季节的市场规模是随机的,遵循随机分布。在这种设置下,分析销售易逝性产品的报童零售商,如何基于损失规避的消费者,寻求最大化自己期望长期平均利润的最优策略。

## 三、报童模型在预售策略中的应用

报童模型是运营管理中最重要的一个模型(Cachon & Kök,2007)。Khouja(1999)已经提出了经典报童模型的许多延伸,其中一个重要的延伸就是考虑预售策略,预售的例子包括制造业(如书籍、月饼等)和服务业(航空公司和酒店业等),Özer et al.(2007)研究了一个制造商和一个零售商之间面对一个需求更新的报童问题,证明零售商的等待决策行为是由制造商的批发价契约引起的,建立了零售商的最优定价政策和制造商的最优定价和生产政策。Zhao & Stecke (2010)和 Prasad et al.(2010)考虑使用预售策略的报童零售商获取提前需求信息,减少需求不确定性。虽然预售策略能够帮助报童零售商减少需求不确定性,然而,由于消费者在提前期对产品未来价值是不确定的,所以,除非零售商采用折扣预购定价策略,否则消费者也不会提前购买(Zhao & Stecke,2010)。而且 Prasad et al.(2010)还考虑了消费者对预售产品的价值、消费者风险偏好和正常销售季节的缺货概率等因素。Lai et al.(2011)检查在销售季末有机会降价的报童卖方使用价格保证策略的价值。还有其他预售文献假设高类型消费者全部在预售期到达,卖方都是在预售期结束后,根据预定需求更新正常销售期需求量的预测后才决定订货量,因此,采用预售策略的卖方在正常销售期面对的就是典型的报童定价问题(如 Li & Zhang,2013;Loginova,2016)。

在需求是外生的假设下,报童模型的信息更新会促进形成新的均衡,均衡的随机性导致了收益的不确定性。对此,本书研究卖方的预售定价策略时,在第二期即正常销售期卖方在接受了预定信息,更新正常期需求信息后,如何确定最优价格和订货量,并且假设卖方只有一次订货机会,期间不能补货,没有卖掉的商品期末残值为零,也没有缺货处罚成本,所以,卖方在正常销售期即第二期基本上面对的就是关于定价的报童问题。

## 本章小结

根据本章分析的消费者行为构成和分类,发现影响消费者购买决策行为的因素有很多,本书主要考虑了消费者策略等待购买行为和正常销售期的退货行为。理性预期理论的概念和假说为本书研究基于顾客策略型行为的预售策略提供了良好的理论基础和模型构建思路。如本书在研究卖方采用预售策略时,假设在预售期预定的消费者对产品的估值相同,而在产品正式发布拿到产品之后,每个预定消费者对产品的实际价值是不同的,因此,高类型消费者会根据自己对第二期产品的可得性、价格和卖方提供退款金额,决定是否预定,预定后又是否会退回产品,卖方也需要根据消费者购买后的退货行为,及处理退货进行二次销售的物流成本等因素,决定是否该提供退货保证机制,以及退款金额的选择,包括全额退款和部分退款。在预售期到达的高类型消费者还会根据对未来产品价格和可得性的理性预期均衡条件下,才会决定何时购买及是否购买。这些内容的研究和分析都是应用了理性预期均衡理论的概念和假说。本书研究的预售策略主要是基于消费者价值不确定而实施的，并假设在预售期和正常销售期到达的消费者价值同质，即每个消费者对产品的估值都是相同无差异的，由于卖方的订货决策是在预售期结束之后决定的，所以对于第二期即正常销售期，卖方实际面对的就是典型的报童问题，因此在经典的报童模型下，基于理性预期均衡理论，研究分析低类型消费者估值的变化对卖方预售策略的影响，以及预售策略和价格保证机制实施的条件。

# 第三章

# 基于顾客策略型行为的预售定价策略

当消费者被允许在产品发布或者接受服务之前进行预定就会出现预售。预售在初期被作为航空业传统的有效营销工具，相关研究也关注航空业具体特征，直到 Shugan & Xie(2000)发现航空业具体的产业特征不是实施预售的必要条件，并且实施预售的唯一需要就是存在消费者未来价值的不确定性，这个发现意义重大，因为消费者对于许多产品的未来价值和大多数服务一样总是不确定的。从那时起，预售研究开始出现在除了航空业以外的其他行业，并且在实践中也被广泛应用于其他服务业和一些零售业，如消费电子产品、汽车、时装、书籍和玩具等。同时，消费者也已经被卖方的各种营销策略训练得越来越复杂，在进行购买决策时，会考虑未来产品的可得性，以及产品的价格大小、变化趋势再决定是立即购买还是继续等待合适时机再购买。消费者的这种策略型等待行为无疑会影响卖方的定价、库存策略和期望收益。例如，苹果在新一代 iPhone/iPad 发布之前，提供给消费者预定的机会，作为中国市场苹果的主要竞争对手之一的小米，在介绍第一代小米手机时，从一开始就使用预售策略。苹果和小米都利用了消费者对于产品未来价值的不确定性，并且从预售中获益。

本章首先分析考虑策略型消费者行为时，卖方提供预定策略对卖方定价和订货量及卖方期望利润的影响，然后分析卖方不提供预定策略时，卖方的定价和订货策略，最后通过数值模拟比较分析两种策略下，卖方期望利润的大小。

## 第一节 基于顾客策略型行为的预售定价策略问题描述

随着移动互联网的普及和广泛应用，越来越多的产品采用预售策略，由原来的酒店客房和航空机票等服务产品的预售，应用到高科技产品和一些零售业，再到现在的农产品预售,如 2015 年开始至今,每年在大闸蟹正式上市前一个月,阳澄湖大闸蟹等就总是采用预售策略进行促销。2016 年,有的商家甚至提前一年销售预售券,只标注型号和规格,没有标注价格,虽然 2017 年同等规格的阳澄湖大闸蟹提价 5%~10%左右,但提前一年购买预售券的顾客,只要预售券还在有效期内,则无需补偿差价,因此,刺激了更多顾客提前预定,取得了良好预售效果。消费者也可以通过移动互联网随时进行预定,甚至通过网络进行抢订,同时,消费者也可以基于互联网提供的大数据分析结果,通过网络获取不同卖家同类产品的价格对比、专业测评和专家评论等相关预售产品信息,可以帮助消费者更加全面了解预售产品的性能和使用方法,降低消费者估值的不确定性,这可能会降低卖方预售的利润。同时,有些顾客为了最大化自己的购买效用,会策略型等待更低价格再做出是否购买的决策,但同时也会面临可能会缺货的风险。也有些消费者会根据产品的预售情况,及时调整自己对产品的估价和购买行为。因此,在卖方基于消费者策略型行为和估值变化采用预售策略时,如何制定最优价格和确定合适订货量,从而最大化期望利润成为卖方需要解决的主要问题。

## 一、基于顾客策略型行为的预售定价相关研究

本书和考虑策略型消费者行为的预售论文紧密相关,一些考虑消费者策略型行为的论文,研究一个企业提前预售产品或服务给消费者时,基本都会考虑消费者价值不确定性,研究发现只要消费者对于产品的未来价值不确定,预售就有可能使卖方获利。

Xie & Shugan(2001)和 Shugan & Xie(2004)研究一个企业考虑到消费者价值不确定性时,应该什么时候及怎样提供预售服务,他们证明消费者价值不确定性能够为服务提供者产生更多需求和利润。而且,Shugan & Xie(2001)假设现场期每一位消费者对预售产品可能有高价值或低价值,但是在预售期到达的消费者对自己的价值不确定都是相同的,即消费者预售期同质,在现场期异质,分为高估值和低估值两类消费者,他们发现卖方依赖于自己的边际成本和产能,可能提供不同的预售策略。在信息系统文献中,Gundepudi, Rudi & Seidmann(2005)研究考虑消费者价值不确定性时,如何预售信息类产品。Gallego & Sahin(2006)检验当卖方面对关于产品价值不确定的消费者时,消费者的期权(即提前购买在现场购买产品的权利)对卖方利润的影响,他们证明当期权诱使消费者在价值实现之前购买期权(一种保险形式)时,卖方提供谨慎分配的期权能够增加卖方的利润。Zhao(2009)研究零售商与消费者之间的预售,既考虑了

库存风险，又考虑了消费者价值不确定性。所有这些关于消费者价值不确定的论文对于模型化现场需求，都使用了一种特殊函数形式，即对于固定价格的现场需求等于期望需求(在一些文献中，这个模型被称为是一种流动模型)，当消费者价值被特殊因素预先确定，一个消费者的价值独立于其他消费者和消费者规模足够大时，这样的模型被证明是合理的。与分析准确的现场需求(典型地被模型化为二项式随机变量)相反，流动模型利用大数定律，并忽略需求均值的变动，结果，给定价格的现场需求是现场价格的确定函数。然而，就像在早期的例子中解释的，有几种情况是一个消费者的价值与其他消费者的价值高度相关，如 Yu et al.(2015)证明消费者价值的相互依赖是否严重影响卖方预售结果及如何使用预售策略。本书和 Xie & Shugan(2001)等预售论文一样，也把消费者分为高估值和低估值两种类型。

与其他相关论文不同的是，本书假设两类消费者的需求不相关，而是假设低类型消费者的估值是和高类型消费者的预定需求紧密相关的，并通过设置具体的参数来衡量。

大多数考虑策略型消费者的预售论文关注消费者对于产品或服务价值的不确定的影响(Dana，1995；xie & Shugan 2001；Gallego & Sahin，2006；Zhao et al.，2006；Zhao & Stecke，2010；Chu & Zhang，2011；Prasad et al.，2011；Alexandrow & Lariviere，2012；Yu et al.，2015)，所有这些论文假设卖方的所有信息是公开可得的，并且卖方没有任何私人信息，并证明不同情况下的预售策略都能够提高卖方的利润。只有少数几篇论文关注策略型消费者行为对卖方库存决策的影响(Cachon & Swinney，2009；Swinney，2011；Huang & Mieghem，2013)，其他一些论文则考虑跨期定价中价格保证策略的作用(Png，1991；Lai et al.，2010；Levin et al.，2009)。国内学者王夏阳(2015)基于顾客选择行为，研究新产品预售的影响机制及企业的定价策略。本书也与考虑提前需求信息中的库存计划文献及收益管理中的动态定价文献紧密相关，对于相关文献的全面详细综述可以参考 Li & Zhang(2013)(为了简化表达，后面均缩写为“LZ13”)，及 Yu et al.(2015)的最新文献研究更新。

与 Shugan & Xie(2000)研究发现不同的是，LZ13 证明即使不存在消费者对于产品未来价值的不确定性，只要未来产品可得率存在不确定性，也可以实施预售。他们考虑一个垄断卖方销售一个易逝品的预售选择，一些高类型消费者的价值高于其他低类型消费者。在苹果和小米的例子中，高类型消费者包括新技术热爱狂和两个品牌的忠实粉丝。每个类型消费者的产品价值都是确定的，但是市场需求是随机的。他们假设在产品发布之前，消费者拥有产品的确定价值和随机需求的充足信息，但是产品的短生命周期和不可预测的市场需求使得供应和需求难以匹配（见 LZ13）。他们构建了一个模型框架分析卖方允许高类型消费者在产品发布之前一段时间预定的预售策略，他们的研究发现只要产品在预售期和正常销售期的价格合适，并且订货量被设置在一个恰当水平，预售就是可以实施的。在理性预期均衡中，由于高类型消费者比低类型消费者更了解市场趋势，更关注预售产品的相关信息，因此，高类型消费者的心理估值（Psychological Value）是确定的，不确定的是第二期产品可得率。LZ13 假设所有高类型消费者在预售期率先到达，并且以高于正常销售价格预定，保证在产品发布时能率先拿到产品。由于是在预定结束之后，低类型消费者需求仍不确定时，卖方确定的库存量，所以当正常销售价格合适时，所有低类型消费者在正常销售季节到达，但可能面临缺货的风险。除均衡结果之外，他们分析了提供价格保证的预定策略和不提供价格保证时的预定策略，以及是否预定时的卖方总期望利润，并比较了这些策略的结果。

## 二、基于顾客策略型行为的预售策略研究框架

本书研究框架与 LZ13 论文中的关于预售策略的研究框架比较相似，不同之处在于本书假设高类型消费者价值是确定的并保持不变，而低类型消费者的产品估值依赖于预售的结果，即会根据预售情况进行调整，可能上升也可能下降，或保持不变。这种依赖通常存在于低类型消费者对于产品的估值不如高类型消费者对产品的估值更确定的情况，低类型消费者在观察到预定结果后，会更新自己对产品的估值，调整自己的最大支付意愿。例如，基于新一代苹果或小米产品的相同信息，高类型消费者作为技术爱好者和忠实粉丝，通常比低类型消费者能够更加准确地估计产品价值，而且高类型消费者也可能体验使用过上一代同类产品，而低类型消费者从未体验使用过上一代同类产品。因此，低类型消费者参考高类型消费者的选择即预定结果再确定对产品的估值是合理的。

本书对现有文献有两方面的贡献，首先，本书提出一个考虑依赖于预定结果的消费者价值的预售问题框架，并获得均衡结果；其次，本书提出两个不同价格保证机制，并证明这些保证机制的价值；同时也证明预定策略总是优于无预定策略。最后，本书的研究结果将对于已经采用预售或考虑采用预售策略的企业提供有价值的运营管理建议。以苹果/小米为例，每一代新智能手机都使用一些最新技术的新功能，对于普通消费者来说，理解新功能是一件困难的事情，无法准

确估计这些功能的效用，因此他们做决策时，自然会考虑更加了解新产品新技术的技术爱好者和忠实粉丝的选择，在这种情况下，卖方应该总是提供具有价格保证的预定策略。

## 第二节 基于顾客策略型行为的预定策略参数设定

本章主要关注没有价格保证的预定策略，首先提出基本模型，然后检查最优性质。

### 一、基本模型

在预定基本模型中，有一个垄断卖方在两个销售时期销售一种易逝产品，在产品正式发布之前，允许消费者在第二期开始（即正常销售季节）之前的第一期（即预定季节）预定。所有预定保证在产品发布时即第二期开始时率先交付，根据消费者的估值不同，把市场中的消费者分为两类，即对产品估值较高的高类型消费者和对产品估值相对较低的低类型消费者。同一类型的消费者估值在预售期和正常销售期都是同质的，即每一个类型消费者对预售产品分别有相同的估值，高类型消费者估值是 $v_H$，低类型消费者对产品的名义价值是 $v_L$。由于高类型消费者不是新技术爱好者就是忠实粉丝，所以他们对于产品品牌和技术有更强的偏好，故假设 $v_H > v_L$。

在产品发布之前，企业使用展览、广告和他们的官方网站为消费者提供说明和详细的产品信息，高类型消费者通常熟悉品牌并在产品发布之前，能够在专业媒体评论专栏找到详细的产品评论，或者通过网络介绍和网络评价等各种渠道搜集足够的相关产品信息。因此，有足够的信息让高类型消费者准确估计产品价值，意味着产品价值是确定的。因此，本书假设高类型消费者对于产品的估值 $v_H$ 是确定，且在两个销售期都是保持不变的。也有些论文假设高类型消费者的估值会随时间下降，并存在一个折扣因子（如 LZ13），或者假设市场上不同类型消费者对产品的实现价值是互相依赖的（如 Yu，2015）。与以上文献不同的是，由于低类型消费者不能准确估计产品实际价值，所以，本书假设低类型消费者有一个初始的估计价值，也就是名义价值 $v_L$，但是由于低类型消费者对于产品的估值低于高类型消费者，因此低类型消费者在预定季节结束之后即第二期才到达，同时，他们会根据预售期实现的高类型消费者需求即预定量的大小调整自己的估值，并根据卖方确定的正常销售期价格的大小决定是否购买。特别是，如果预定数量高于/低于预期,他们相信产品价值大于/小于 $v_L$。例如 2013 年苹果手机 iPhone 5S 预售时比较火爆,尤其是金色版在预售期就被很快售罄且出现断货情况,导致第二期价格甚至高于预定价格。

## 二、模型参数和假设

通常技术狂热消费者是紧密跟随市场趋势的早期采用者,会更加关注新产品发布上市的时间和相关预售信息。和其他预售文献一样,本书也把销售期分为两期,即预定期(第一期)和正常销售期(第二期)。而且,本书假设所有高类型消费者在第一期即预定期到达,而所有低类型消费者在第二期到达(见 Moe& Fader,2002 一个相似假设)。让 $X$ 和 $Y$ 分别表示高类型消费者($H$)和低类型消费者($L$)在预售期和正常销售期的需求,并且 $x$ 和 $y$ 分别是 $X$ 和 $Y$ 的实现值。由于一般市场存在的高类型消费者数量总是有限的,而低类型消费者需求会大于高类型消费者需求,甚至是无限的,如杨光勇和计国君(2014)采用了相同假设。因此,本书不仅假设 $X$ 和 $Y$ 是相互独立的,还假设高类型消费者需求 $X$ 遵循正支持集 $[\underline{x},\bar{x}]$ 的一般概率分布 $F$ 和对称密度函数 $f$,而低类型消费者需求 $Y$ 遵循正支持集 $[0,\infty]$ 的正态分布 $G$ 和概率密度函数 $g$。当负需求概率微不足道时,正态分布的正支持集假设是恰当的(见 LZ13 中的讨论)。让 $\mu_i$($i=H,L$)表示消费者需求的均值,$\sigma_i$ 表示消费者需求的标准差,并且($\lambda_i=\mu_i/\sigma_i$)分别表示 $X$ 和 $Y$ 的均值和标准差的比率,让 $\Phi$ 表示标准正态分布函数,$\varphi$ 表示标准正态分布概率密度函数。所有参与者包括卖方和两种类型的消费者都被假设是风险中性和前瞻性的,卖方(此后都称为“他”)目标是最大化他的总期望利润,而每一个个体消费者(以后都称为“她”)的目标是最大化她的期望净效用。卖方提供的价格机制和定价决策消费者可以观察到,但是消费者观察不到库存水平。每一个消费者的估值是私人信息,其他消费者和卖方都不知道,预定的客户在第二期不能再销售产品,即市场上不存在投机行为。高类型消费者的策略型等待行为,卖方和其他消费者都观察不到,卖方可以观察到第一期实现的高类型消费者预定需求。所有其他参数和函数都是共同知识。

## 三、博弈过程

具体而言,参与者将依序做出以下决策:

(1) 卖方在第一期开始设定预定价格 $p_1$。

(2) 高类型消费者全部在第一期到达,根据预定价格 $p_1$,决定是否预定或等待推迟到第二期购买。

(3)预定结束后，卖方根据高类型消费者需求的实现 $x$，决定正常销售价格 $p_2$ 和总订货量 $q+Q$，其中，$q$ 用于满足高类型消费者在第一期的预定量 $x$，$Q$ 用于满足第二期即正常销售期低类型消费者的需求量。

(4)低类型消费者全部在正常销售季节开始之后到达，并决定是否以价格 $p_2$ 购买。

在理性预期(RE)均衡中，所有高类型消费者在第一期预定，并保证在产品发布时优先获得。所有低类型消费者在第二期购买产品，但由于卖方在正常销售期开始之前已经确定好总订货量，而且在整个销售期没有再补货的机会，所以，并不是所有低类型消费者的需求都能被满足。本书注意到在 RE 均衡中，参与方的信仰与实际结果一致，所有参与者没有动机偏离均衡(见 LZ13)。接下来，将采用动态规划思想的后向推导法找到每一个销售期的最优解。

首先，只要卖方确定的第二期价格 $p_2$ 不高于低类型消费者的估值(Low Consumer Value，后面都简写为 $LCV$)，低类型消费者就会选择购买产品，而且此外，由于所有高类型消费者已经选择了预定，所以只有低类型消费者在第二期到达。卖方设置第二期价格低于低类型消费者估值是子最优的，因此，卖方的最优第二期价格应该等于低类型消费者估值 $LCV$。通过假设，如果高类型消费者的预定数量 $x$ 不在特定范围内，则 $LCV$ 会偏离名义价值 $v_L$。为了便于表达，本书将考虑下面对称情况，定义参数 $\bar{\beta}=\mu_H-\underline{x}=\bar{x}-\mu_H$，并且使用参数 $\beta\in(0,\bar{\beta}]$ 衡量高类型消费者预定需求量的变化，使用参数 $\alpha$ 衡量低类型消费者估值 $LCV$ 随高类型消费者预定需求实现数量 $x$ 的变化，其中 $\alpha\in(0,1)$。一般情况下，如苹果 iPhone 5S 手机预售量越大，向其他消费者传递了高质量和高性能的信号，因此会提高未预定消费者的产品估值，而如果预售量较低，就会向消费者传递反向信息，会降低未预定消费者的产品估值，如 iPhone 5C 的惨淡预售，导致正常销售期价格快速下降，就属于这类情况。所以，本书假设①当第一期实现的高类型消费者预定需求 $x$ 落在中间区间 $I_0=[\mu_H-\beta,\mu_H+\beta]$ 时，$LCV$ 等于 $v_L$；②当实现的预定需求 $x$ 落在较小预定量区间 $I_1=[\underline{x},\mu_H-\beta]$ 时，$LCV$ 就会减小为 $(1-\alpha)v_L$；③当 $x$ 落在较大预定量区间 $I_2=[\mu_H+\beta,\bar{x}]$ 时，$LCV$ 会增加为 $(1+\alpha)v_L$。即：

$$p_{2i}=LCV_i=\begin{cases}(1-\alpha)v_L & \underline{x}\le x_1<u_H-\beta\\ v_L & u_H-\beta\le x_1<u_H+\beta\\ (1+\alpha)v_L & u+\beta\le x_1\le\overline{x}\end{cases}$$

让参数 $k_0=1$，$k_1=1-\alpha$，$k_2=1+\alpha$，则最优第二期价格可以表示为：

$$p_{2i}=LCV_i=k_iv_L\ ,\ x\in I_i\ ,\ i=0,1,2 \tag{3.1}$$

从公式(3.1)可知，低类型消费者对预售产品的估值 $LCV$ 依赖于第一期高类型消费者需求 $x$ 的大小，并分别通过参数 $\alpha$ 和 $\beta$ 凭借 $k_i$ 和 $I_i$ 获得(见图 3.1)。

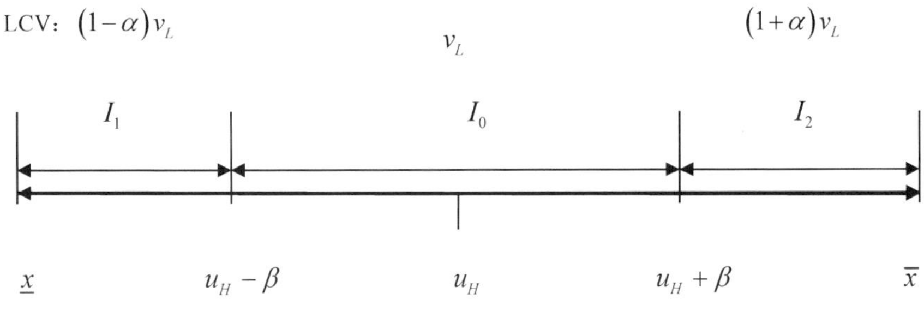


**图 3.1 实现预定需求分布**

一方面，对于固定的 $\beta$，很明显 $\alpha$ 值越大，预定需求的实现对于 $LCV$ 的影响幅度就越深，另一方面，对于固定的 $\alpha$，$\beta$ 值越大，预定结果对于 $LCV$ 的影响就越强。因此，参数 $\alpha$ 和 $\beta$ 分别表示了低类型消费者的估值 $LCV$ 依赖于预定结果 $x$ 的强度和空间性。为了避免不现实的情况，本书假设 $(1+\alpha)v_L<v_H$ 成立，即低类型消费者的估值 $LCV$ 总是小于高类型消费者估值 $v_H$，不可能大于或等于 $v_H$。

第二，由于总订货量 $q+Q$ 在预定结束以后确定，所以 $q$ 肯定等于第一期高类型消费者预定需求实现的数量，即 $q=x$，则剩余订货量 $Q$ 用于满足所有低类型消费者在第二期的购买需求。注意在正常销售开始之前卖方要做订货决策，所以卖方面临关于随机的低类型消费者需求 $Y$，和由公式(3.1)确定的关于第二期价格 $p_{2i}$ 的分段常数。假设预售产品的每单位不变采购成本为 $c$，且 $c<v_L$。这说明本书研究的正常销售期价格不会低于卖方的生产或采购成本，不同于其

他文献研究的清仓销售期(见 Lai,2009;杨光勇和计国君,2014)。季末剩余产品残值和缺货处罚成本都标准化为零。由于卖方在正常销售期不能补货,所以,卖方在第二期面临的就是经典的报童模型定价问题。于是,正常销售季节的最优订货量也是分段常数,并且由公式(3.2)确定。

$$Q_i = \mu_L + z_i \sigma_L \ , x \in I_i \ , i = 0,1,2 \tag{3.2}$$

这里的 $z_i = \Phi^{-1}\left(1 - \frac{c}{k_i v_L}\right) \ , x \in I_i \ , i = 0,1,2$ (3.3)

第三,第一期到达的高类型消费者通过比较现在购买的净效用和推迟到第二期购买的期望效用大小做出购买决策,其中,消费者的购买净效用通过她对产品的期望价值和产品实际价格之间的差来表示。一方面,给定第一期预定价格 $p_1$,则高类型消费者现在购买的净效用为 $\mu_1 = v_H - p_1$;另一方面,基于由公式(3.1)和(3.2)确定的策略型高类型消费者对第二期价格和产品可得率的信念,计算推迟购买的期望效用。假设为了阻止高类型消费者表现出策略型等待推迟购买行为,卖方可以使用一些第二期库存分配中的一些理性规则。根据相关文献,本书使用参数 $\theta \in (0,1)$ 定义这样的分配规则(Cachon & Swinney,2009 对 $\theta$ 进行了详细讨论)。为了便于表达,以下内容假设 $\theta = \frac{1}{2}$,根据理性预期(RE)均衡,高类型消费者对于第二期产品可得性的信念和应用分配规则一致。因此,高类型消费者相信如果预定期的需求实现数量 $x$ 落在区间 $I_i$ ( $i = 0,1,2$) 内,则可购买的第二期产品数量由公式(3.2)确定。而且此外,她相信根据分配规则只要 $Q_i > \frac{Y}{2}$,就会得到产品,因此,高类型消费者在第二期获得产品的概率为:

$$P_r\left(\frac{Y}{2} < Q_i\right) = G(2Q_i) = \Phi(\lambda_L + 2z_i)\ 。$$

高类型消费者预定需求的实现 $x \in I_i$ ( $i = 0,1,2$)的概率通过参数 $P_i$ 来表示,由于 $X$ 的概率密度函数假设是对称的,所以,可推导得到 $P_1 = P(x \in I_1) = F(\mu_H - \beta)$ ,$P_2 = P(x \in I_2) = 1 - F(\mu_H + \beta) = P_1$,
$P_0 = P(x \in I_0) = F(\mu_H + \beta) - F(\mu_H - \beta) = 1 - 2P_1$。

对于第一期即预售期实现的预定需求数量 $x \in I_i$ ( $i = 0,1,2$),用 $\xi_i$ 表示高类型消费者的第二期产品可得率信念,由于 $Q_i$ 对于所有的 $x \in I_i$ 是不变的,所以,$\Phi(\lambda_L + 2z_i)$ 在每一个区间 $I_i$ 也是不变的。因此,第二期产品可得率 $\xi_i$ 由下面的公式确定:

$$\xi_i = E_x\left[P_r\left(\frac{Y}{2} < Q_i\right) \mid x\right] = \Phi(\lambda_L + 2z_i)P_i, i = 0,1,2 \quad (3.4)$$

如果高类型消费者在第二期能够得到产品，则她在第二期购买实现的净效用为 $v_H - p_{2i}$，即高类型消费者推迟到第二期购买的期望效用是：

$$\begin{aligned} u_2 &= \sum_{i=0}^{2}(v_H - p_{2i})\xi_i \\ &= [v_H - (1-\alpha)v_L]\xi_1 + (v_H - v_L)\xi_0 + [v_H - (1+\alpha)v_L]\xi_2 \\ &= (v_H - v_L)\Phi(\lambda_L + 2z_0) + F(\mu_H - \beta)\{[v_H - (1-\alpha)v_L]\Phi(\lambda_L + 2z_1) \\ &\quad - 2(v_H - v_L)\Phi(\lambda_L + 2z_0) + [v_H - (1+\alpha)v_L]\Phi(\lambda_L + 2z_2)\} \end{aligned}$$

因此，如果 $u_1 = v_H - p_1 \geq u_2$ 即 $p_1 \leq v_H - u_2$，则高类型消费者就会选择预定，否则她会选择推迟到第二期购买。$v_H - u_2$ 可以理解为高类型消费者预定的保留价格。

最后，卖方基于高类型消费者的保留价格 $v_H - u_2$ 决定第一期最优预定价格 $p_1$，很明显，对于卖方来说，他设定的最优预定价格应该为 $p_1 = v_H - u_2$，即：

$$\begin{aligned} p_1 = & (v_H - v_L)\Phi(\lambda_L + 2z_0) - F(\mu_H - \beta)\{[v_H - (1-\alpha)v_L]\Phi(\lambda_L + 2z_1) \\ & - 2(v_H - v_L)\Phi(\lambda_L + 2z_0) + [v_H - (1+\alpha)v_L]\Phi(\lambda_L + 2z_2)\} \end{aligned} \quad (3.5)$$

## 第三节　基于顾客策略型行为的预售定价分析

### 一、最优预定价格

总结上面分析的均衡结果，可以得到以下关于第一期最优预定价格的命题。

**命题 1**：卖方采用预售策略时，当第一期的最优预定价格由公式(3.5)确定时，所有高类型消费者都会在第一期预定，正常销售期价格依赖于由公式(3.1)确定的预定量，存在唯一的理性预期(RE)均衡。

然后，本书检查预售期和正常销售期两个价格的关系，定义：

$$\bar{p}_1 = v_H\bar{\Phi}(\lambda_L + 2z_0) + p_{22}\Phi(\lambda_L + 2z_2) \quad (3.6)$$

这里的 $\bar{\Phi}$ 是标准正态分布的互补累积分布函数。

**命题 2**：卖方采用预定策略时，对于高类型消费者预定需求实现的数量 $x \in I_i$，$i = 0,1$，$p_1 > p_{2i}$ 总是成立，而当 $x \in I_2$ 时，$p_1 < p_{22}$ 也可能成立。

证明：由于 $k_1 = 1 - \alpha < 1 = k < 1 + \alpha = k_2$，根据公式(3.3)可得 $z_1 < z_0 < z_2$，这也表明 $\Phi(\lambda_L + 2z_1) < \Phi(\lambda_L + 2z_0) < \Phi(\lambda_L + 2z_2)$，然后通过公

式(3.4)可知 $\xi_1 < \xi_2$ 和 $\xi_0 + \xi_1 + \xi_2 < \Phi(\lambda_L + 2z_2)(P_0 + P_1 + P_2) = \Phi(\lambda_L + 2z_2) \le 1$，因此，$u_2 = [v_H - (1-\alpha)v_L]\xi_1 + (v_H - v_L)\xi_0 + [v_H - (1+\alpha)v_L]\xi_2 = (v_H - v_L)(\xi_0 + \xi_1 + \xi_2) + \alpha v_L(\xi_1 - \xi_2) < (v_H - v_L)(\xi_0 + \xi_1 + \xi_2) < v_H - v_L$，于是 $p_1 = v_H - u_2 > v_L = p_{20}$。

由于 $p_{21} = (1-\alpha)v_L < v_L = p_{20}$，$p_1 > p_{20}$ 包含着 $p_1 > p_{21}$，所以，剩下的就是证明对于 $x \in I_2$，$p_1 < p_{22}$ 也可能成立。根据 $k_1 = 1-\alpha < k_0 = 1 < 1+\alpha = k_2$，可得 $v_H - (1-\alpha)v_L > v_H - v_L > v_H - (1+\alpha)v_L$ 和 $\Phi(\lambda_L + 2z_1) < \Phi(\lambda_L + 2z_0) < \Phi(\lambda_L + 2z_2)$，然后再通过公式(3.4)，推导得到高类型消费者推迟到第二期购买的期望效用

$$u_2 = [v_H - (1-\alpha)v_L]\Phi(\lambda_L + 2z_1)P_1 + (v_H - v_L)\Phi(\lambda_L + 2z_0)P_0 + [v_H - (1+\alpha)v_L]\Phi(\lambda_L + 2z_2)P_2 > [v_H - (1-\alpha)v_L]\Phi(\lambda_L + 2z_1)(P_1 + P_0 + P_2) = [v_H - (1-\alpha)v_L]\Phi(\lambda_L + 2z_1)$$

。故

$p_1 = v_H - u_2 < v_H - [v_H - (1-\alpha)v_L]\Phi(\lambda_L + 2z_1) = v_H\bar{\Phi}(\lambda_L + 2z_1) + p_{22}\Phi(\lambda_L + 2z_1) = \bar{p}_1$。由于 $\lambda_L + 2z_1$ 增加时，$\Phi(\lambda_L + 2z_1)$ 会向 1 收敛，则 $\bar{\Phi}(\lambda_L + 2z_1)$ 会向零收敛，所以，预定价格 $p_1$ 会随着 $\lambda_L + 2z_1$ 的增加向 $p_{22}$ 收敛。故存在一个临界值 $\Phi(\lambda_L + 2z_1)$，使得大于该临界值时，$p_1 < p_{22}$ 成立，这也是符合实际情况的。例如苹果手机每次在新产品预售时，由于产能的限制出现供应不足，导致每次新推出的产品在中国的预售都很火爆，有些机型甚至在预售期就会售罄。所以，当产品正式发布上市后，很多忠实的"果粉"连夜排队购买，而且至少需要等到一周后才能拿到产品。有些顾客不愿意等待就会以更高的价格购买，因此，导致一些受欢迎机型的价格如金色版的 iPhone 5S 从 5288 元的预售价，被炒高到七八千甚至上万元，而且即使如此高的价格，也有可能一机难求购买不到。

通过命题 2，当高类型消费者在预售期实现的预定需求 $x$ 落在区间 $I_0$ 和 $I_1$ 时，正常销售期价格就会下降，但是当 $x$ 落在区间 $I_2$ 时，第二期价格可能上升也可能下降，这个结果与 LZ13 中的预定价格 $p_1 = v_H - (\delta v_H - p_2)\xi$（见 LZ13，第 62 页命题 1），$\delta \le 1$ 是折扣因子，$p_1 > p_2$ 总是成立的结果是不同的。从公式(3.6)可知 $\bar{p}_1$ 是 $v_H$ 和 $p_{22}$ 的加权平均值，这里的权重由 $\lambda_L$ 和 $z_1$ 共同决定。注意到 $\lambda_L = \frac{\mu_L}{\sigma_L}$ 反映了低类型需求的相对变化，对于固定的低类型消费者需求均值 $\mu_L$，更高的 $\lambda_L$ 包含着更低的需求方差 $\sigma_L$。而且此外，对于固定的参数 $\alpha$，$z_1$ 通过公式(3.3)反映了低类型消费者的边际贡献率，对于固定的 $v_L$，更高的 $z_1$

包含着更低的生产或采购成本 $c$ 。因此，总结导致潜在正常销售期价格上涨的三个驱动力为：一是低类型消费者相对于高类型消费者预定结果引起的产品估值的调整；二是低类型消费者的相对需求；三是来自低类型消费者的边际贡献率。

## 二、相关参数对预售策略的影响

接下来，分析衡量低类型消费者估值变化的参数 $\alpha$ 和衡量高类型消费者预定需求量变化的参数 $\beta$ ，及两个参数的不同组合对卖方实施预售策略时的最优预定价格和卖方总期望利润的影响。

从公式(3.1)可以看到参数 $\alpha$ 和 $\beta$ 对正常销售价格的影响是很明显的：$p_2$ 分别对于高类型消费者实现的预定需求落于区间 $x \in I_0$ 时保持不变、对于 $x \in I_1$ 减少、对于 $x \in I_2$ 增加。此外，参数 $\alpha$ 和 $\beta$ 对 $p_1$ 的影响不明显。为了检查这样的影响，定义连续函数：

$$p_2(k)=kv_L, k \in [k_1, k_2] \tag{3.7}$$

比较公式(3.7)和公式(3.1)可知，对于 $x \in I_i$ ( $i=0,1,2$ )，在点 $k_0=1, k_1=1-\alpha$ 和 $k_2=1+\alpha$ 处，通过 $p_2(k)$ 可以确定最优正常销售期价格 $p_{2i}$ 。

相似地，对于 $k \in [k_1, k_2]$ ，定义 $z(k)=\Phi^{-1}\left(1-\dfrac{c}{kv_L}\right)$ (3.8)

然后得到 $\Phi(z)=1-\dfrac{c}{kv_L}$ ，则 $\Phi'(z)z'(k)=\dfrac{c}{k^2v_L}$ ，由于 $\Phi'(z)=\varphi(z)$ ，所以推导可得：$z'(k)=\dfrac{c}{k^2v_L\varphi(z)}$ (3.9)

对于正态分布函数有 $\varphi'(z)=-z\varphi(z)$ ，由此可得

$$\varphi'(k)=\varphi'(z)z'(k)-\frac{cz}{k^2v_L} \tag{3.10}$$

由于 $\bar{\beta}=\min(\mu_H-\underline{x}, \bar{x}-\mu_H)$ ，所以，定义参数 $\alpha$ 的上界为：

$$\bar{\alpha}=1-\frac{c}{\left(1-\Phi\left(-\frac{2}{3}\lambda_L\right)\right)v_L} \tag{3.11}$$

对于 $k \in [k_1, k_2]$ ，定义 $k$ 的函数为

$$g(k)=(v_H-kv_L)\Phi(\lambda_L+2z) \tag{3.12}$$

应该注意到公式(3.12)中的 $z$ 是公式(3.8)中关于 $k$ 的函数。

**性质 1**：对于所有的 $\alpha<\bar{\alpha}$ ，$z$ 关于 $k$ 是严格凹的。

证明：根据 $\alpha < \bar{\alpha}$ 可得 $\Phi\left(-\frac{2}{3}\lambda_L\right) < 1 - \frac{c}{(1-\alpha)v_L}$，由于 $\Phi(\cdot)$ 是严格递增函数，可得，$-\frac{2}{3}\lambda_L < \Phi^{-1}\left(1 - \frac{c}{(1-\alpha)v_L}\right) = z(k)$ 。由于 $z(k)$ 随着 $k$ 递增。故对于所有的 $k \in [k_1, k_2]$ ，$z(k) \geq z(k_1)$ 均成立。由此可得 $-\frac{2}{3}\lambda_L < z$ ，即 $2\lambda_L + 3z > 0$。然后，通过公式(3.9)、(3.10)和公式(3.12)得：

$$g'(k) = -v_L\Phi(\lambda_L + 2z) + \frac{2c(v_H - kv_L)\varphi(\lambda_L + 2z)}{k^2 v_L \varphi(z)},$$

$$g''(k) = -\frac{4cv_H\varphi(\lambda_L + 2z)}{k^3 v_L \varphi(z)} v_L \Phi(\lambda_L + 2z) - (2\lambda_L + 3z)\frac{2c^2(v_H - kv_L)\varphi(\lambda_L + 2z)}{k^4 v_L^2 \varphi^2(z)}。$$

对于所有的 $k \in [k_1, k_2]$ ，由于 $\varphi(\cdot) > 0$，$k > 0$ 且 $v_H - kv_L > 0$，所以，很明显 $g''(k) < 0$ 对于所有 $z$ 满足 $2\lambda_L + 3z > 0$ 均成立，即所有的 $\alpha$ 满足 $\alpha < \bar{\alpha}$ 。

应该注意到 $\alpha < \bar{\alpha}$ 对于 $g(k)$ 的凹性是充分但不必要条件。

**引理 1**：卖方采用预定策略时，最优预定价格 $p_1$ 随着 $\alpha(\alpha \in [0, \bar{\alpha}))$ 增加而递增，但随着 $\beta(\beta \in [0, \bar{\beta}))$ 增加而递减。

证明：通过公式(3.5)和公式(3.12)，推导可得：

$$p_1 = v_H - (v_H - v_L)\Phi(\lambda_L + 2z_0) - F(\mu_H - \beta)g(k_1) - 2g(k_0) + g(k_2) 。$$

其中，$k_0 = 1$，$k_1 = 1 - \alpha$ 和 $k_2 = 1 + \alpha$ ，包含着 $k_1 < k_2$ 和 $k_0 = \frac{1}{2}(k_1 + k_2)$ ，根据性质 1，$g(k)$ 是严格凹的，可得 $g''(k) < 0$，包含着 $g'(k_1) > g'(k_2)$ 和 $g(k_1) - 2g(k_0) + g(k_2) < 0$，推导可得：

$$\frac{\mathrm{d}p_1}{\mathrm{d}\alpha} = -F(\mu_H - \beta)[g'(k_1)k'(\alpha) + g'(k_2)k_2'(\alpha)] = F(\mu_H - \beta)[g'(k_1) - g'(k_2)] > 0,$$

$$\frac{\mathrm{d}p_1}{\mathrm{d}\beta} = -f(\mu_H - \beta)[g'(k_1) - 2g(k_0) + g'(k_2)] < 0。$$

因此，根据一阶导数求导结果可知，最优预定价格 $p_1$ 随着 $\alpha(\alpha \in [0, \bar{\alpha}))$ 递增，随着 $\beta(\beta \in [0, \bar{\beta}))$ 递减，证明完毕。

此外，从引理 1 可知，最优预定价格 $p_1$ 随着 $\beta(\beta \in [0, \bar{\beta}))$ 是单调递减的，这包含着由于 $\bar{\beta} = \bar{x} - \mu_H = \mu_H - \underline{x}$ ，所以单调性质对于所有合适的 $\beta$ 都是成立的。而且，通过公式(3.11)可以得到 $\bar{\alpha} < 1$。从引理 1 可知最优预定价格 $p_1$ 随着 $\alpha(\alpha \in [0, \bar{\alpha}))$ 单调递增，$\alpha(\alpha > \bar{\alpha})$ 对最优预定价格的影响是确定的。尽管如此，从公式(3.11)可知，$\bar{\alpha}$ 只依赖于低类型需求（$\lambda_L$）的相对变化和低类型

消费者的正态分布边际贡献率（$\frac{c}{v_L}$）。很容易看出来，除非低类型需求极端变化和名义边际贡献率是极低的，否则 $\bar{\alpha}$ 足够大到使得 $\alpha < \bar{\alpha}$ 总是成立的。

现在检查 $\alpha$ 和 $\beta$ 对卖方总期望利润的影响，第 $i$ 期的期望利润用 $\Pi_i^p$ 表示，$i = 1, 2$，这里的上脚标 $p$ 表示预定，总期望利润用 $\Pi^p = \Pi_1^p + \Pi_2^p$ 表示，然后，可得卖方采取预售策略时的第一期期望利润为：$\Pi_1^p = E_x[(p_1 - c)x] = (p_1 - c)\mu_H$。

对于 $x \in I_i$（$i = 0, 1, 2$），卖方面临由公式(3.2)确定的最优预定数量的正态分布需求的报童问题，因此，第二期最大期望利润（见 Porteus，2002，P.9 和P.13）是：$\pi_{2i} = (p_{2i} - c)\mu_L - p_{2i}\sigma_L\varphi(z_i)$ (3.13)

给定第二期期望利润为：

$$\Pi_2^p = \sum_{i=0}^{2} P_i \pi_{2i} = \pi_{20} + P_1(\pi_{21} - 2\pi_{20} + \pi_{22})$$
$$= \pi_{20} - v_L\sigma_L F(\mu_H - \beta)\ (1-\alpha)\varphi(z_1) - 2\varphi(z_0) + (1+\alpha)\varphi(z_2) \quad (3.14)$$

由此可得，卖方的总期望利润就是：$\Pi^p = (p_1 - c)\mu_H + \pi_{20} - v_L\sigma_L F(\mu_H - \beta)[(1-\alpha)\varphi(z_1) - 2\varphi(z_0) + (1+\alpha)\varphi(z_2)]$。

对于 $k \in [k_1, k_2]$，定义一个关于 $k$ 的新函数是：

$$h(k) = k\varphi(z) \quad (3.15)$$

注意到公式(3.15)中的 $z$ 是公式(3.8)中关于 $k$ 的函数。

**性质 2**：对于所有的 $\alpha < 1$，函数 $h(k)$ 关于 $k$ 是严格凹的。

证明：通过公式(3.9)、(3.10)和(3.15)可得：$h'(k) = \varphi(z) - \frac{cz}{kv_L}$，$h''(k) = -\frac{c^2}{k^3 v_L^2 \varphi(z)} < 0$。

因此，对于所有的 $k \in [k_1, k_2]$，即对所有的 $\alpha < 1$，$h(k)$ 关于 $k$ 是严格凹函数。

**命题 3**：卖方采用预定策略时，卖方的总期望利润 $\Pi^p$ 随着 $\alpha(\alpha \in [0, \bar{\alpha}))$ 增加而递增，随着 $\beta(\beta \in [0, \bar{\beta}))$ 的增加而递减。

证明：通过引理 1 可知，预定价格 $p_1$ 随着 $\alpha(\alpha \in [0, \bar{\alpha}))$ 递增，随着 $\beta(\beta \in [0, \bar{\beta}))$ 递减。由于卖方总期望利润 $\Pi^p = \Pi_1^p + \Pi_2^p = (p_1 - c)\mu_H + \Pi_2^p$，并且 $\mu_H$ 是常数，所以剩下的就是证明卖方的第二期期望利润 $\pi_2^p$ 在对应的不同区间关于 $\alpha(\alpha \in [0, \bar{\alpha}))$ 递增，而关于 $\beta(\beta \in [0, \bar{\beta}))$ 是递减的。

由公式(3.14)和(3.15)，可得：

$$\Pi_2^p = \pi_{20} - v_L \sigma_L F(\mu_H - \beta) \left[h(k_1) - 2h(k_0) + h(k_2)\right]。$$

由于 $k_1 < k_2, k_0 = \frac{1}{2}(k_1 + k_2)$，并且通过性质 2 可知，$h(k)$ 是严格凹函数，由此可得 $h''(k) < 0$，这表明 $h'(k_1) > h'(k_2)$ 及 $h(k_1) - 2h(k_0) + h(k_2) < 0$，所以，

$$\begin{aligned}\frac{\mathrm{d}\Pi_2^p}{\mathrm{d}\alpha} &= -v_L \sigma_L F(\mu_H - \beta) \left[h'(k_1) k'_1(\alpha) + h'(k_2) k'_2(\alpha)\right] \\ &= -v_L \sigma_L F(\mu_H - \beta) (h'(k_1) + h'(k_2)) > 0,\end{aligned}$$

$$\frac{\mathrm{d}\Pi_2^p}{\mathrm{d}\beta} = v_L \sigma_L f(\mu_H - \beta) \left[h(k_1) - 2h(k_0) + h(k_2)\right] < 0。$$

因此，卖方的第二期期望利润 $\Pi_2^p$ 随着 $\alpha(\alpha \in [0, \bar{\alpha}))$ 递增，随着 $\beta(\beta \in [0, \bar{\beta}))$ 递减。又因 $\bar{\alpha} < 1$，所以卖方的总期望利润 $\Pi^p$ 随着 $\alpha(\alpha \in [0, \bar{\alpha}))$ 递增，随着 $\beta(\beta \in [0, \bar{\beta}))$ 递减（见图 3.2）。

由于参数 $\alpha$ 和 $\beta$ 分别反映了低类型消费者估值 $LCV$，关于高类型消费者实现的预定需求 $x$ 变化的强度和宽度，同时也注意到区间 $I_0$ 随着 $\beta$ 减小而收缩，所以，$\beta$ 降低会导致低类型消费者估值 $LCV$ 关于预定结果 $x$ 依赖宽度的程度增加。因此，命题 3 表明卖方的总期望利润关于依赖强度和宽度都是单调递增的。考虑到参数 $\alpha$ 和 $\beta$ 会以正负两种方式影响卖方的总期望利润，这样的单调性质不是直观的。特别是对于 $x \in I_2$，$\alpha$ 的增加带来 $LCV$ 增加，因此对卖方总是有利的。但是对于 $x \in I_1$，$\alpha$ 的增加会降低低类型消费者估值 $LCV$，因此，反而伤害卖方的利益。由此可见，如果没有命题 3 的结果，$\alpha$ 增加的全面影响是不明确的。

相似讨论可以应用于参数 $\beta$ 对卖方期望利润的影响分析。

## 第四节　基于顾客策略型行为的预定策略对比分析

在进行卖方是否采取预定策略对比之前，首先分析卖方不采用预定策略时，卖方利润的变化。

当卖方不提供预定策略，即没有预售期，只有正常销售期时，卖方必须在正常销售季节开始销售之前订货，让 $Q$ 表示订货量，则 $Q$ 必须在高类型消费者需求 $X$ 和低类型消费者需求 $Y$ 实现之前被确定，并将用于满足两种类型消费者的总需求。在正常销售季节，卖方可以使用各种不同方法，在两种类型消费者之间

分配有限的订货量 $Q$ 。考虑在 LZ13 中用过的其中一个方法，特别是卖方可以通过控制高价首先瞄准高类型消费者，然后如果还有库存剩余，再降低价格满足低类型消费者的需求。通过这种分配方法，卖方仍然会从第一阶段需求信息获利，第一阶段需求信息也将仍然会影响低类型消费者的估值。

## 一、无预定策略模型

为了分析理性预期(RE)均衡，本书把正常销售季节分为两个阶段(用“阶段”表示销售期，是为了和前面的“时期”进行区别，以免混淆)。让 $p_i$ 表示阶段 $i$ 的价格，$i=1,2$。在均衡中，所有高类型消费者愿意在第一阶段以价格 $p_1$ 先购买产品，如果实现的需求量 $x$ 落在区间 $I_i$ ( $i=0,1,2$)中，则设定第二阶段价格为 $p_{2i}=k_i v_L$ 。

此外，需要确定均衡价格 $p_1$ 和最优订货量 $Q^*$ ，以及当高类型消费者选择推迟到第二阶段购买时的产品可得率 $\xi$ 。在预定模型中，订货量 $Q$ 是在 $X$ 的实现值 $x$ 已知，并肯定被完全满足后才确定的，因此，总订货量 $Q$ 就等于实现的高类型消费者需求数量 $x$ ，加上用于满足低类型消费者的数量。而且此外，一旦高类型消费者需求实现，最优订货量就能够被确定，然后第二期产品可得率 $\xi$ 和第一期价格 $p_1$ 也能被计算出来。

相反，在卖方不提供预定策略时，由于订货量 $Q$ 在高类型消费者数量 $X$ 实现之前就已经被确定，所以，$Q$ 可能大于或者小于高类型消费者实现的预定需求 $x$ ，就不能简单地通过公式(3.2)计算出来了。

就像在预定模型中一样，本书假设高类型消费者相信如果她选择等待到第二阶段，市场中仍然有 $\theta=\dfrac{1}{2}$ 部分的剩余消费者会在她到达之前得到产品。然后，对于任何确定的订货量 $Q$ 和任何实现的高类型需求 $x$ ，当且仅当 $Q>x+\dfrac{Y}{2}$ 时(前面已经假设第一阶段接受预定的高类型消费者会优先被服务)，高类型消费者相信她肯定会获得产品，因此，高类型消费者等待到第二阶段购买的产品可得率信念是：

$$
\begin{aligned}
\xi_i(Q)&=E_x\left[p_r\left(x+\frac{Y}{2}<Q\right)\mid x\in I_i\right]\\
&=\int_{x\in I_i}G\left(2\left(Q-x\right)^+\right)f(x)\,\mathrm{d}x,i=0,1,2
\end{aligned}
$$

如果高类型消费者等待到第二阶段，则她等待的期望效用为：

$u_2(Q)=(v_H-(1-\alpha)v_L)\xi_1(Q)+(v_H-v_L)\xi_0(Q)+(v_H-(1+\alpha)v_L)\xi_2(Q)$。

因此，第一阶段的销售价格就是 $p_1(Q)=v_H-u_2(Q)$ 。

对于确定的总订货量 $Q$ 和高类型消费者实现的需求 $x$，用函数 $h(Q,x)$ 和函数 $E_x[\pi_2(Q,x)]$ 分别表示卖方在第二阶段的期望销售数量和期望收益，则函数 $h(Q,x)$ 的计算式为：

$$h(Q,x)=E_y[\min(Q-x)^+,y]=\int_0^{(Q-x)^+}yg(y)\mathrm{d}y+\int_{(Q-x)^+}^{\infty}(Q-x)^+yg(y)\mathrm{d}y。$$

于是，卖方在第二阶段销售获得的期望收益是：

$$\begin{aligned}E_x[\pi_2(Q,x)]&=E_x[p_2(x)h(Q,x)]\\&=\int_{\underline{x}}^{\mu H-\beta}(1-\alpha)v_Lh(Q,x)f(x)\mathrm{d}x+\int_{\mu H-\beta}^{\mu H+\beta}v_Lh(Q,x)f(x)\mathrm{d}x\\&\quad+\int_{\mu H+\beta}^{\bar{x}}(1+\alpha)v_Lh(Q,x)f(x)\mathrm{d}x\ 。\end{aligned}$$

则当卖方不采用预售策略时，他的总期望利润为：$\Pi^n(Q)=(v_H-u_2(Q))\mu_H+E_x[\pi_2(Q,x)]-cQ$，这里的上脚标 $n$ 表示没有预定，最优订货量为：$Q*=\mathrm{argmax}\Pi^n(Q)$ 。

## 二、数值模拟对比分析

下面将通过数值模拟分析卖方提供预定策略和无预定策略时，参数 $\alpha$ 和 $\beta$ 的变化对卖方总期望利润的影响。基本模型中的参数设置包括：$v_H=2$，$v_L=1.5$，$c=1$，$\mu_L=5$，$\lambda_H=4$ 和 $\lambda_L=3$，$\alpha\in[0,0.3]$，其中 $z=\dfrac{\beta}{\sigma_H}$ 。

前面提到，如果高类型消费者需求落于区间 $x\in I_1$，则低类型消费者的实际价值（$LCV$）为 $(1-\alpha)v_L$；如果高类型消费者需求落于区间 $x\in I_2$，则为 $(1+\alpha)v_L$ 。由于设置 $v_L=1.5$，所以，对于衡量低类型消费者估值变化的参数 $\alpha=0.1$，计算可得 $LCV_1=(1-\alpha)v_L=1.35$，$LCV_2=(1+\alpha)v_L=1.65$，这两个值都接近低类型消费者最初的估值 $v_L=1.5$；同样，对于 $\alpha=0.3$，计算可得 $LCV_1=1.05$，即第二期销售价格 $p_2$ 接近于卖方的生产成本 $c=1$，而且，$LCV_2=1.65$ 也接近于高类型消费者对产品的估值 $v_H=2$。于是，$\alpha=0.1$ 和 $\alpha=0.3$ 分别对应低类型消费者需求相对高类型消费者需求实现的适中依赖和深度依赖情况。

### （一）消费者估值和预定量对卖方预定价格的影响

图 3.2 表明，卖方的预定价格 $p_1$ 随着衡量低类型消费者估值变化的参数 $\alpha$ 的增加而递增，随着衡量高类型消费者预定需求量变化的参数 $\beta$ 的增加而递减，当参数 $\beta=0.25$，$\alpha=0.3$ 时，卖方的最优预定价格 $p_1=1.60$，接近高类型消费者

的估值 $v_H$ ，但不会大于 $v_H$ 。当 $\alpha=0.1$，$\beta=0.45$ 时，$p_1=1.509$，差不多等于低类型消费者的估值 $v_L$ 。

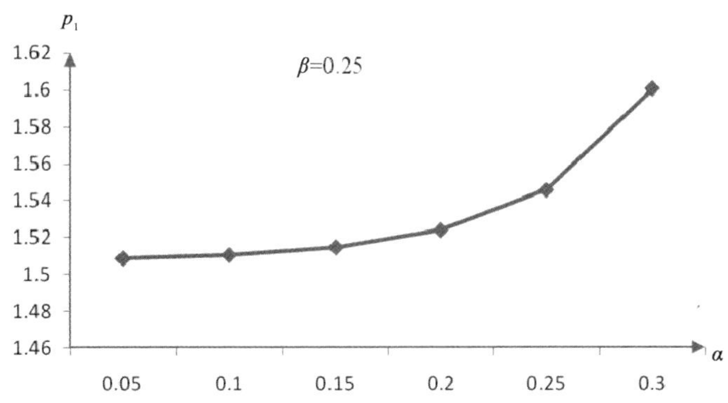


图 3.2(a)　低类型消费者估值对卖方预定价格的影响

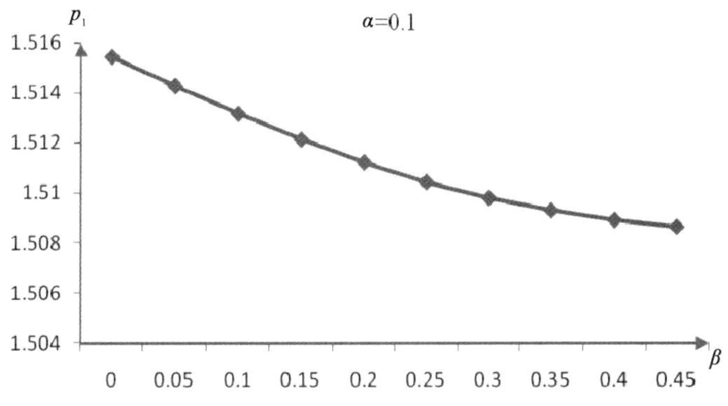


图 3.2(b)　高类型消费者预定量对卖方预定价格的影响

（二）消费者估值和预定量对卖方期望总利润的影响

图 3.3 很明显地解释了当衡量高类型需求实现量变化的参数 $\beta$ 和衡量低类型消费者估值参数 $\alpha$ 变化时，卖方期望总利润的变化。从图 3.3 可以看出，无论是卖方提供预定策略还是无预定策略，卖方的期望总利润都是随着 $\alpha$ 的增加而递增；而当卖方提供预定策略时，卖方的期望利润随着 $\beta$ 的增加而递减，当卖方不提供预定策略时，卖方的期望总利润随着 $\beta$ 的增加而递增。这是因为卖方不提供预定策略时的最优订货量 $Q*$ 大于卖方提供预定策略时的最优订货量 $Q$ 。但是，对于卖方而言，无论 $\alpha$ 和 $\beta$ 如何变化，采用预定策略获得的期望总利润总是大于无预定策略时的期望利润。本章其他研究结果将会在下一章进行具体详

细地对比分析和讨论。

综上所述，当卖方基于高类型顾客的策略型等待行为，考虑低类型消费者估值随着高类型消费者预定需求实现量的变化而调整时，采用预定策略肯定优于无预定策略。而且，卖方的期望利润随着 $\alpha$ 的增加而递增，随着 $\beta$ 的增加而递减，这是因为 $\alpha$ 越大代表低类型消费者估值变化越明显，高类型消费者需求的实现对低类型消费者估值影响越大，而 $\beta$ 越小表明高类型消费者的需求越集中，需求方差越小，对卖方的预售结果都更有利。所以，卖方在采用预售策略时，要想办法增加 $\alpha$ ，减小 $\beta$ 。

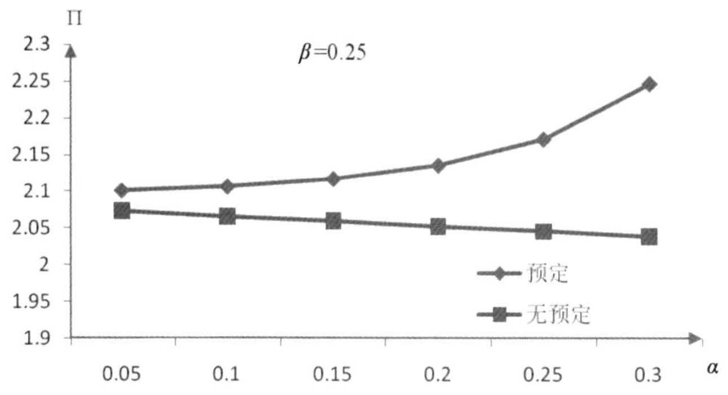


图 3.3（a） 低类型消费者估值对卖方总利润的影响

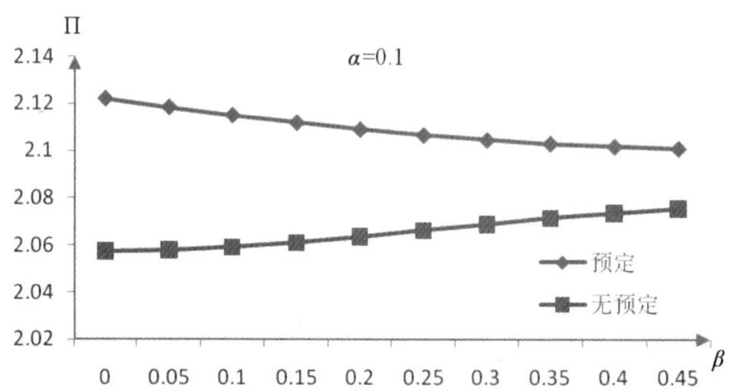


图 3.3（b） 高类型消费者预定量对卖方总利润的影响

## 本章小结

本书通过模型化低类型消费者的估值是高类型消费者预定量的分段常数函

数，构建价值依赖模型。低类型消费者对于产品价值有一个初始的估计即名义价值，然后再根据高类型消费者在预定期需求的实现而调整。如果第一期的预定数量在高类型消费者期望需求的一定范围之内，则坚持该估值，而当预定数量高于或低于某一临界值时，低类型消费者对于产品的估值会在一定范围内上升或下降。本书证明所有高类型消费者都接受预定时，理性预期(RE)均衡的存在性和唯一性，同时也检查了当卖方考虑低类型消费者的估值随第一期预定量调整，采用预售策略和无预售策略时，衡量低类型消费者估值变化的参数 $\alpha$ 和高类型消费者需求实现的参数 $\beta$ 的变化，及对卖方是否采用预售策略时绩效(即利润)的影响，并得到了一些不同于 LZ13 研究的结果。LZ13 研究表明当高类型消费者需求相对低时，应该提供没有价格保证的预售策略，如果高类型消费者需求相对高时，应该提供有价格保证的预售策略。相反，本书的研究结果发现无论高类型消费者需求实现高低与否，预售策略总是优于无预售策略，所以，只要有条件能够提高 $\alpha$，降低 $\beta$，就应该采取预售策略，从不采用无预售策略。

# 第四章

# 基于顾客策略型行为的预售价格保证策略

虽然，预售能够帮助卖方提前计划库存和减少需求变动（Tang et al.，2004；Song & Zipkin，2012；Li & Zhang，2013），通过减少得不到产品的风险或降低支付的价格使消费者受益（Png，1989）。但是，预售的关键就在于消费者购买产品和消费产品的时间是分离的，因此，消费者对产品的估值是不确定而且是会发生变化调整的，预售策略的广泛应用也正是利用了消费者价值的不确定性（Xie & Shugan，2001）。而且，这一点允许卖方可以充分利用消费者对产品价值的不确定性，在预售期（产品被消费之前）和现场期（消费产品时）都销售产品。预售能够帮助卖方减少需求变动，因此卖方能更好地制定物流计划，风险规避消费者也会因为预售降低了产品不可得的风险而提前购买产品。顾客在消费产品或服务之前，由于关于他们自己对于产品或服务的价值是不确定的，而且产品价值可能主要依赖于消费情况、环境或者消费时间的状态，如天气、购买时间、同伴和心情、健康状况等（Belk，1975）。所以，虽然通过提前购买，顾客可以保证产品可得，但是却要冒险购买一个未来价值不确定的产品或服务。很明显，卖方必须提供一些激励诱使消费者尽可能早于现场销售期购买。例如，如果消费者预期产品价格会增加或者他们相信在现场销售期由于有限的可得性不能保证买到产品，就会发现值得提前购买了。

当卖方发布新产品采取预售策略允许消费者预定时，虽然可以帮助消费者避免缺货的风险，保证预定消费者在正常销售期的产品可得性，但是由于消费者在预定时，不了解自己对产品的实际价值，可能不愿意提前预定。因此，为了诱导消费者尽可能在预售期预定，在实践中，经常可以看到卖方预售时，会同时提供预定价格保证机制。即在价格保证机制下，如果产品价格随着时间下降，消费者会得到差价补偿。同时作为保证产品可得的回报，卖方可能会溢价即高于正常销售价格预售。例如，奇瑞 QQ 在 2013 年 1 月的新款汽车预售时，承诺提供多退少不补策略，即在新款汽车正式发布上市以后，如果价格下降，则退还差价，如果价格高于预售价格，则消费者无需补差价，这种预售策略更是增加了预售期消费者对产品价值的不确定性，会使企业更充分利用这一点，提高预售实施的效果。也有些企业在预售时直接承诺目前价格已经最低，如果在一定期限降价，就直接退还差价。

不同价格保证机制的目的其实都是为了消除消费者等待降价的动机，以至于卖方能够更快地销售产品或服务。一般情况下，企业实施价格保证应该有一些技术需要，并且为了满足这个需求可能是有成本的(例如卖方必须在硬件和人力方面投资监管交易并管理退款过程)。但为了简化，本书假设所有必要的技术已经在使用，并且没有实施成本，在这个假设下，本书研究不同价格保证机制对卖方预售策略的影响。

## 第一节　预售价格保证机制问题描述和模型

卖方在实施预售策略时，策略型消费者会比较预定产品和等待到正常销售期购买的选择，实践中的大量预定价格保证现象提出了很多问题，也引起理论研究的注意，开始关注以下问题的研究。如卖方在实施预售策略时，价格保证的作用是什么？价格保证对卖方或消费者的策略型购买选择有利吗？预售价格应该高于还是低于正常销售价格？

### 一、价格保证机制相关研究

大部分论文都研究了卖方采用预售策略时，把销售期分为预售期和正常销售期两期，或者是预售期、正常销售期和清仓销售期(Lai et al.，2010；Möller & Watanabe，2010)三个销售时期，卖方如何选择定价策略。如 Boyaci & Ozer (2010)研究了卖方在多个销售时期的预售策略。卖方在预售期可以采用溢价预售、同价预售和折扣价预售(McCardle，Rajaram & Tang，2004；)等定价策略(Xie & Shugan，2000)，也可以在预售时考虑采用价格承诺(Nocke，Peitz & Rosar，2011；Zhao & Pang，2011；Chu & Zhang，2011；Zeng，2013)和价格保证机制(Png，1991；LZ13；Loginova，2016)。

Png(1991)最早研究了当卖方不预先承诺第二期的销售价格时，在产能和市场规模均有限的情况下，第一期先高价销售，第二期再折扣价销售时，最惠顾客（Most-Favored-Customer）保护即差价补偿机制的价值。Xie & Shugan（2001）提供了卖方实施预售策略的时机和如何实施预售策略，关注产能约束对预售定价策略的影响，证明产能约束和预定价格保证的作用一样，可以帮助卖方使消费者相信正常销售价格可能会高于预定价格。Lai et al.（2010）研究了考虑消费者策略型行为时，在卖方降价和消费者等待博弈中的事后价格匹配机制的价值（Butz，1990；Xu，2011）。Zhao & Pang（2011）比较了动态定价、价格承诺和预定价格保证三种定价策略，证明当消费者价值不确定性比较高，而且关注预售产品消费者的数量较多时，价格保证策略是三种定价策略中最优的。LZ13 按照消费者对预售产品估值的高低，把消费者分为高类型和低类型两种消费者，并假设高类型消费者价值在第二期存在折扣因子会变得更小，而低类型消费者价值保持不变，卖方实施预售策略时，是否应该提供价格保证，以及要提供对卖方更有利的价格保证预售策略应该满足的条件。Loginova et al.（2016）按照消费者是否已经体验过预售产品，把消费者分为体验消费者和非体验消费者两种，研究在卖方制定预售定价策略时，是否应该提供预定价格保证，并证明在市场规模和消费者价值都不确定时，如果消费者价值差异较小，则卖方应该实施提供价格保证的预售策略，这是因为预定价格保证可以作为承诺工具，不会降低正常销售期的价格。当消费者对产品价值差异更大，并且市场规模不确定性更小或者市场中的体验消费者比例更高（相当于消费者估值不确定性降低）时，企业就不应该采用预售策略。

国内学者计国君和杨光勇（2010）在考虑了消费者战略行为也就是本书提到的消费者策略型行为的条件下，研究顾客分别以正常价提前购买的提前期最大支付意愿不同，和在延迟期以折扣价购买拿到产品之后的最大支付意愿不同时，即顾客对产品的最大支付意愿事前异质和事后异质的两种情况下，卖方一旦降价就对提前购买顾客给予差价补偿的预售机制。

以上文献都研究了卖方在实施预售策略的价格保证机制，均假设退款等于两期价格的差，但是没有考虑最优退款金额的变化。所以，本书结合实际除了研究退款等于差价时的不变退款保证机制，同时也研究了退款不等于两期差价时，即退款发生变化时的价格保证机制对卖方预售策略的影响。

## 二、价格保证模型

在价格保证机制下，卖方承诺如果高类型消费者在第一期预定并且第二期价格下降时，就会补偿他们差价。这样的价格保证策略在实践中被广泛应用，如苹果承诺顾客购买后 14 天内，如果降价则退还差价（见 LZ2013，P.63），大多数现有文献都研究了全价保证策略（Levin et al.，2007；LZ13；Loginova，2016）。让 $\eta$ 表示退款，$\Delta p = p_1 - p_2$ 表示两个销售时期的价格差，则在全价保证机制下，退款就等于两期价格差，即 $\eta = \Delta p$ 。全价保证容易实施，但不一定是最优的。例如，在本书模型中，当考虑到低类型消费者估值会根据预定结果调整而提高时，如果高类型消费者选择等待第二期更低价格购买，他可能不但要面临缺货风险，甚至还有可能要支付更高的价格，尤其是在产能有限的情况下。因此，在这种情况下，部分价格保证就可能已经足够诱使他在第一期预定，所以，本书还考虑了没有设定 $\eta = \Delta p$ 保持不变，而是会不断调整变化的价格保证机制，此时的最优退款水平 $\eta^*$ 也是博弈参与者理性预期均衡的结果。

尽管本书假设卖方提供价格保证时的预定价格高于正常销售价格，即 $p_1^g > p_2 = k_i v_L$ ，$i = 0, 1, 2$，这里的上脚标 $g$ 表示价格保证。这个不等式对于大多数预定策略的设定都是成立的（如 LZ2013），但可能有时候也不成立。例如，在第三章的基本模型中，虽然预定价格总是高于正常销售价格 $p_{2i}$ ，$i = 0, 1$，但是根据第三章的命题 2，预定价格也有可能低于第二期价格 $p_{22}$ ，尤其是当高类型消费者实现的预定需求 $x$ 落在区间 $I_2$ 时。对卖方而言，提供退还差价承诺时，对于所有已经预定的高类型消费者实现的预定需求数量 $x$ ，设定高于正常销售价格的预定价格也是有意义的。事实上，本章的数值模拟结果也表明最优预定价格明显高于正常销售期价格。

与第三章的基本预定模型一样，本书研究当所有高类型消费者了解如果正常销售期价格下降，就会获得退款的价格保证机制时，则在理性预期（RE）均衡中，所有高类型消费者以价格 $p_1^g$ 选择预定。根据第三章的公式（3.1），正常销售价格 $p_{2i}$ 对于落在不同区间 $I_i$（$i = 0, 1, 2$）的高类型消费者预定需求数量 $x$ 会有不同的值，因此，卖方对于不同区间的 $x$ 提供不同水平的退款是合理的。本书在下面的讨论中从更简单的开始，即先研究不变退款模型，然后再引入变化的退款模型。

## 第二节　预售价格保证机制退款策略分析

### 一、不变退款价格保证策略

在不变退款策略下，无论卖方什么时候退款，对于所有的高类型消费者实现

的预定量 $x$ ,单位退款 $\eta$ 都是不变常数,则总退款损失是 $\eta x$ 。直观上,只要来自于低类型需求的期望利润 $\Pi_{2i}$ 足够高于所有退款损失 $\eta x$ ,则降价对于卖方总是有利的。根据第三章研究可知,卖方在正常销售期的期望利润 $\pi_{2i}=(p_{2i}-c)\mu_L-p_{2i}\sigma_L\varphi(z_i)$ 是一个分段常函数,因此,需要分别考虑三个不同区间 $I_i$ ,其中 $i=0,1,2$。在每一个区间 $I_i$ ,比较低的高类型消费者预定量 $x$ 对应的总退款成本也低,于是降价是可以的。但是随着预定量 $x$ 增加,总退款成本也相应增加,而第二期利润 $\pi_{2i}$ 却保持不变,因此,可能存在一个预定量 $x$ 的临界值使得 $\eta x>\pi_{2i}$ 成立,这意味着卖方如果此时降价将不会再有利润。让 $\hat{x}_i(\eta)$ 表示 $I_i$ , $i=0,1,2$ 的临界值,则这样的预定量临界值 $\hat{x}_i(\eta)$ 可以通过对预定量 $x$ 落于不同的预定需求区间即 $x\in I_i$ 时,求解等式 $\eta x-\Pi_{2i}=0$ 找到。

首先考虑 $x\in I_0$ 的情况,由于临界值 $\hat{x}_0(\eta)$ 使得总退款成本 $\eta x$ 和第二期利润 $\Pi_{20}$ 相等,所以,只要预定量 $x$ 满足 $\mu_H-\beta\leq\frac{\pi_{20}}{\eta}\leq\mu_H+\beta$ ,或者退款满足 $\frac{\pi_{20}}{\mu_H+\beta}\leq\eta\leq\frac{\pi_{20}}{\mu_H-\beta}$ ,则预定量临界值 $\hat{x}_0(\eta)$ 就等于 $\frac{\pi_{20}}{\eta}$ 。对于退款 $\eta<\frac{\pi_{20}}{\mu_H+\beta}$ ,定义 $\hat{x}_0(\eta)=\mu_H+\beta$ ,这表明退款成本低到降价对于所有的 $x\in I_0$ 都是最优的。相似地,对于 $\eta>\frac{\pi_{20}}{\mu_H-\beta}$ ,定义 $\hat{x}_0(\eta)=\mu_H-\beta$ ,这表明退款成本太高,对于所有的 $x\in I_0$ 不应该降价。故预定量临界值 $\hat{x}_0(\eta)$ 可以定义为:

$$\hat{x}_0(\eta)=\begin{cases}\mu_H+\beta & \eta<\dfrac{\pi_{20}}{\mu_H+\beta}\\[2ex] \dfrac{\pi_{20}}{\eta} & \dfrac{\pi_{20}}{\mu_H+\beta}\leq\eta\leq\dfrac{\pi_{20}}{\mu_H-\beta}\\[2ex] \mu_H-\beta & \eta>\dfrac{\pi_{20}}{\mu_H-\beta}\end{cases}$$

然后,考虑 $x\in I_1$ 和 $x\in I_2$ 的情况,在区间 $I_1$ 和 $I_2$ 的临界值和在区间 $I_0$ 的情况相似,即定义这两个区间的预定量临界值分别为:

$$\hat{x}_1(\eta)=\begin{cases}\mu_H-\beta & \eta<\dfrac{\pi_{21}}{\mu_H-\beta}\\[2ex] \dfrac{\pi_{21}}{\eta} & \dfrac{\pi_{21}}{\mu_H-\beta}\leq\eta\leq\dfrac{\pi_{21}}{\underline{x}}\\[2ex] \underline{x} & \eta>\dfrac{\pi_{21}}{\underline{x}}\end{cases}$$

$$\hat{x}_2(\eta)=\begin{cases}\bar{x} & \eta<\dfrac{\pi_{22}}{\bar{x}}\\[2ex] \dfrac{\pi_{22}}{\eta} & \dfrac{\pi_{22}}{\bar{x}}\le\eta\le\dfrac{\pi_{22}}{\mu_H+\beta}\\[2ex] \mu_H+\beta & \eta>\dfrac{\pi_{22}}{\mu_H+\beta}\end{cases}$$

定义 $\hat{I}_0=[\mu_H-\beta,\hat{x}0(\eta)]$ ，$\hat{I}_1=[\underline{x},\hat{x}_1(\eta)]$ ，$\hat{I}_2=[\mu_H+\beta,\hat{x}_2(\eta)]$ 和 $\hat{I}=\hat{\mathrm{I}}_0\cup\hat{\mathrm{I}}_1\cup\hat{\mathrm{I}}_2$。对于所有的 $x\in I_i$ ，$i=0,1,2$，只要高类型消费者预定量 $x$ 落在子区域 $\hat{I}_i$ 内，就有可能会降价。定义已经预定的高类型消费者获得不变退款 $\eta$ 的概率为 $P_i(\eta)=P(x\in\hat{I}_i)$（$i=0,1,2$），和 $P(\eta)=\sum_{i=0}^{2}P_i(\eta)$ ，则：$P_1(\eta)=F(\hat{x}_i(\eta))$ ，$P_0(\eta)=F(\hat{x}_0(\eta))-F(\mu_H-\beta)$ ，$P_2(\eta)=F(\hat{x}_2(\eta))-F(\mu_H+\beta)$ 。

对于 $x\in I_i$ ，$i=0,1,2$，用 $\xi_i(\eta)$ 表示卖方提供价格保证时高类型消费者的第二期产品可得率信念，由于 $Q_i$ 对于所有的 $x\in I_i$ 是不变的，所以 $\Phi(\lambda_L+2z_i)$ 在每一个预定需求区间 $I_i$ 也是不变的。所以，当卖方提供退款不变的价格保证机制时，所有高类型消费者对于等待到第二期购买的产品可得率信念为：$\xi_i(\eta)=E_x\left[P_r\left(\dfrac{Y}{2}<Q_i(x)\right)\mid x\in\hat{I}_i\right]=\Phi(\lambda_L+2z_i)P_i(\eta)$ (4.1)

如果高类型消费者选择等待到第二期，则她的期望效用为：

$$\begin{aligned}u_2(\eta)=&(v_H-(1-\alpha)v_L)\xi_1(\eta)+(v_H-v_L)\xi_0(\eta)+(v_H-(1+\alpha)v_L)\xi_2(\eta)\\=&(v_H-(1-\alpha)v_L)\Phi(\lambda_L+2z_1)P_1(\eta)+(v_H-v_L)\Phi(\lambda_L+2z_0)P_0(\eta)\\&+(v_H-(1+\alpha)v_L)\Phi(\lambda_L+2z_2)P_2(\eta)\end{aligned}\tag{4.2}$$

用 $p_1^g$ 表示卖方提供价格保证时的预定价格，其中上脚标 $g$ 表示价格保证。如果高类型消费者选择预定，则她在第一期预定产品的净效用为 $v_H-p_1^g$，并且在第二期以概率 $P(\eta)$ 获得退款 $\eta$，那么，她在第一期预定的期望效用就是

$$u_1(p_1^g,\eta)=v_H-p_1^g+\eta P(\eta)\tag{4.3}$$

当最优预定价格 $p_1^g$ 使得两个效用 $u_1$ 和 $u_2$ 相等时，高类型消费者就会预定，由此等式可计算得出卖方的最优预定价格为：

$p_1^g(\eta)=v_H+\eta P(\eta)-(v_H-(1-\alpha)v_L)\Phi(\lambda_L+2z_1)P_1(\eta)-(v_H-v_L)$

$$\Phi(\lambda_L+2z_0)P_0(\eta)-(v_H-(1+\alpha)v_L)\Phi(\lambda_L+2z_2)P_2(\eta) \quad (4.4)$$

于是,卖方在第一期的期望利润 $\Pi_1^g$ 就等于 $(p_1^g(\eta)-c)\mu_H$ 。

只要高类型消费者实现的预定需求量 $x\in\hat{I}_i$ ,卖方在正常销售期服务低类型消费者得到的期望利润就是 $\sum_{i=0}^{2}\Pi_{2i}P_i(\eta)$ ,期望退款成本就是 $\eta\int_{x\in\hat{I}}xf(x)\,dx$ 。对于预定量 $x\in I_i\backslash\hat{I}_i$ ,不会出现第二期降价的情况,也不需要退款;由于假设 $p_1^g>p_{2i}=k_iv_L$ 对于所有 $i=0,1,2$ 均成立,即预定价格总是高于低类型消费者估值,导致没有低类型消费者预定。所以,用 $\Pi^g(\eta)$ 表示卖方的期望总利润,其中上脚标 $g$ 表示价格保证机制,则卖方的总期望利润就是:

$$\Pi^g(\eta)=(p_1^g(\eta)-c)\mu_H+\sum_{i=0}^{2}\pi_{2i}P_i(\eta)-\eta\int_{x\in\hat{I}}xf(x)\,dx \quad (4.5)$$

给定最优退款 $\eta*$ 最大化卖方期望利润 $\Pi^g(\eta)$ ,然后最优预定价格 $p_1^g(\eta)$ 满足 $\eta=\eta*$ 时由公式(4.4)确定。此外,对于每一个预定量区间 $I_i$ ( $i=0,1,2$),高类型消费者实现的预定需求量临界值 $\hat{x}_i(\eta*)$ 都是唯一确定的。把最优退款 $\eta*$ 代入公式(4.5),就可以计算求得最大期望总利润,关于最优预定价格 $p_1^g(\eta)$ 的性质可以用引理 1 表明。

**引理 1**:当卖方提供退款不变策略时,预定价格 $p_1^g(\eta)$ 对于所有 $\eta\geq0$ 的退款,满足 $p_1^g(\eta)>p_1$,这里的 $p_1$ 是没有价格保证时的基本模型中的预定价格。

证明:根据退款 $\eta$ 的定义,对于退款 $\eta=0$ 时,可得预定量临界值 $\hat{x}_1(0)=\mu_H-\beta$ , $\hat{x}_0(0)=\mu_H+\beta$ 和 $\hat{x}_2(0)=\bar{x}$ ,这包含着 $\hat{I}_i=I_i$ , $P_i(0)=P_i$ 和 $\xi_i(0)=\xi_i$ , $i=0,1,2$。从公式(4.4)得 $p_1^g(0)=p_1$,这里的 $p_1$ 由第三章基本模型中的公式(3.5)确定。而且此外,根据已经预定的高类型消费者获得不变退款 $\eta$ 的概率定义, $P_i(\eta)$ 关于退款 $\eta$ 是非增的, $\eta P(\eta)$ 是非负的,公式(4.4)包含着 $p_1^g(\eta)>p_1^g(0)$ 。于是, $p_1^g(\eta)>p_1$ 对于所有退款 $\eta\geq0$ 都成立。

因此,根据引理 1,当卖方不提供价格保证即退款 $\eta$ 等于零时,价格保证机制下的最优预定价格 $p_1^g(\eta)$ 就退化为 $p_1$,即 $p_1^g(0)=p_1$。结果,有价格保证的最优预定价格 $p_1^g(\eta)$ 占优于没有价格保证时的预定价格 $p_1$。

最后,简单讨论放松假设 $p_1^g>p_2$ ,如果没有这个假设,就不知道预定量 $x$ 落于三个区间 $I_i$ ( $i=0,1,2$)中的任何一个时,退款是否可行。因此,策略型等待到第二期购买的高类型消费者的期望退款 $\eta P(\eta)$ 和期望效用 $u_2(\eta)$ 可能需要重新再计算。然而，理性预期均衡中的预定价格与公式(4.4)表达式相同，仍然使两期效用 $u_1$ 和 $u_2$ 相等。所以，根据最大化卖方总期望利润可以计算出最优退款 $\eta^*$ ，然后，把最优退款 $\eta^*$ 代入公式(4.4)中，就可以求出最优预定价格 $p_1^g(\eta^*)$ 。

## 二、可变退款价格保证策略

在退款变动的价格保证策略下，当高类型消费者的预定量 $x \in I_0$，退款 $\eta$ 仍然是常数，即 $\eta = p_1^g - p_{20}$ 。当 $x \in I_1$ 时，正常销售价格就是 $p_{21} = (1-\alpha)v_L = p_{20} - \alpha v_L$ ，这表明预售产品没有被高类型消费者很好地认识和了解，因此实现的预定需求数量较少，此时退款 $\eta_1$ 就是 $p_1^g - p_{21} = p_1^g - p_{20} + \alpha v_L = \eta + \alpha v_L$ ，即提供多余退款 $\alpha v_L = p_{20} - p_{21}$ 。同样，对于预定量 $x \in I_2$，正常销售价格是 $p_{22} = (1+\alpha)v_L = p_{20} + \alpha v_L$ ，这意味着产品在高类型消费者中比较受欢迎，预定量 $x$ 较大，低类型消费者对预售产品的估值会增加，则卖方可以制定更高的第二期销售价格，所以退款 $\eta_2$ 就是 $p_1^g - p_{22} = p_1^g - p_{20} - \alpha v_L = (\eta - \alpha v_L)^+$ ，即此时退款 $\eta_2$ 等于 $(\eta - \alpha v_L)^+$ 。这里的 $x^+ = \max(0, x)$ ，即如果 $\eta > \alpha v_L$ ，就提供减少的退款 $\eta - \alpha v_L$ ，如果 $\eta \le \alpha v_L$ ，则不提供退款。因此，$\eta$ 可以理解为名义退款，实际退款依赖于高类型消费者在第一期的预定量 $x$ 。

对于预定量 $x \in I_0$，预定量临界值 $\hat{x}_0(\eta)$ 和不变退款模型中的形式相同，而对于 $x \in I_1$ 和 $x \in I_2$，临界值定义为：

$$\hat{x}_1(\eta) = \begin{cases} \mu_H - \beta & \eta < \dfrac{\pi_{21}}{\mu_H - \beta} - \alpha v_L \\ \dfrac{\pi_{21}}{\eta + \alpha v_L} & \dfrac{\pi_{21}}{\mu_H - \beta} - \alpha v_L \le \eta \le \dfrac{\pi_{21}}{\underline{x}} - \alpha v_L \\ \underline{x} & \eta > \dfrac{\pi_{21}}{\underline{x}} - \alpha v_L \end{cases}$$

$$\hat{x}_2(\eta) = \begin{cases} \overline{x} & \eta < \dfrac{\pi_{22}}{\overline{x}} + \alpha v_L \\ \dfrac{\pi_{22}}{(\eta - \alpha v_L)^+} & \dfrac{\pi_{22}}{\overline{x}} + \alpha v_L \le \eta \le \dfrac{\pi_{22}}{\mu_H + \beta} + \alpha v_L \\ \mu_H + \beta & \eta > \dfrac{\pi_{22}}{\mu_H + \beta} + \alpha v_L \end{cases}$$

与退款不变模型中的形式相同，定义 $\hat{I}_i$ 和 $P_i(\eta)$ ，$i=0,1,2$，对于预定量 $x \in I_i$（$i=0,1,2$），当且仅当高类型消费者预定量 $x$ 落在子区间 $\hat{I}_i$ 时，卖方才会降价，此时，对应的概率是 $P_i(\eta)$ 。消费者关于第二期产品可得率的信念与公式(4.1)相同，也就是如果高类型消费者选择等待到第二期，他的期望效用 $u_2(\eta)$ 与公式(4.2)是相同的。然而，如果他选择预定，则他的期望效用是：

$$u_1(p_1,\eta)=v_H-\tilde{p}_1^g+(\eta+\alpha v_L)P_1(\eta)+\eta P_0(\eta)+(\eta-\alpha v_L)^+P_2(\eta)$$

这里的 $\tilde{p}_1^g$ 代表可变退款策略下的价格保证预定价格，使得 $u_1$ 和 $u_2$ 相等的最优预定价格就是：

$$\begin{aligned}\tilde{p}_1^g(\eta)=v_H&+(\eta+\alpha v_L-(v_H-(1-\alpha)v_L)\Phi(\lambda_L+2z_1))P_1(\eta)+\\&(\eta-(v_H-v_L)\Phi(\lambda_L+2z_0))P_0(\eta)+\\&((\eta-\alpha v_L)^+-(v_H-(1+\alpha)v_L)\Phi(\lambda_L+2z_2))P_2(\eta)\end{aligned}\tag{4.6}$$

让 $R(\eta)$ 表示可变退款策略下的期望退款成本，则：

$$\begin{aligned}R(\eta)=&\int_{\underline{x}}^{\hat{x}_1(\eta)}(\eta+\alpha v_L)xf(x)\,\mathrm{d}x+\int_{\mu_H-\beta}^{\hat{x}_0(\eta)}\eta xf(x)\,\mathrm{d}x+\\&\int_{\mu_H+\beta}^{\hat{x}_2(\eta)}(\eta-\alpha v_L)^+xf(x)\,\mathrm{d}x\end{aligned}$$

可变退款策略下，卖方的期望利润为：

$$\tilde{\Pi}^g(\eta)=(\tilde{p}_1^g(\eta)-c)\mu_H+\sum_{i=0}^{2}\pi_{2i}P_i(\eta)-R(\eta)\tag{4.7}$$

然后，通过最大化期望利润 $\Pi^g(\eta)$ 计算出最优退款 $\eta^*$ ，再把最优退款 $\eta^*$ 代入公式(4.6)和公式(4.7)中，就可以求解得到最优预定价格和最优期望利润，关于最优预定价格能够得到下面的性质。

**引理 2**：在可变退款策略下，对于所有退款 $\eta \geq 0$，预定价格满足 $\tilde{p}_1^g(\eta)>p_1$，这里的 $p_1$ 是没有价格保证时的基本模型中的预定价格。

证明：根据退款 $\eta$ 的定义，对于 $\eta=0$，有 $\hat{x}_1(0)=\mu_H-\beta$，$\hat{x}_0(0)=\mu_H+\beta$ 和 $\hat{x}_2(0)=\bar{x}$，这表明 $\hat{I}_i=I_i$ ，$P_i(0)=P_i$ 和 $\xi_i(0)=\xi_i$ ，$i=0,1,2$。从公式(4.6)可得 $\tilde{p}_1^g(0)=p_1+\alpha v_L P_1(0)>p_1$，这里的 $p_1$ 由第三章基本模型中的公式(3.5)确定。而且此外，根据已经预定的高类型消费者获得不变退款 $\eta$ 概率的定义，$P_i(\eta)$ 关于 $\eta$ 是非增的，$\eta P(\eta)$ 是非负的，公式(4.6)包含着 $\tilde{p}_1^g(\eta)\geq\tilde{p}_1^g(0)$ 。于是，$\tilde{p}_1^g(\eta)\geq p_1$ 对于所有退款 $\eta\geq 0$ 总是成立。

# 第三节 不同预售策略算例比较分析

## 一、四种预售策略的结果比较

本部分内容提出绩效数值模拟研究结果，通过数值模拟检查四种不同预售策略的价值。首先，以没有预定策略时的一些结果作为讨论中的基础，然后，比较有或没有价格保证时的预定策略和不提供预定策略时的总期望利润。

绩效由以下四种预售策略下的卖方总期望利润衡量。①没有预定策略；②没有价格保证时的预定策略；③退款不变的预定策略（价格保证 1）；④可变退款预定策略（价格保证 2）。下面的参数用于基本模型分析：$v_H=2$，$v_L=1.5$，$c=1$，$\mu_L=5$，$\lambda_H=4$ 和 $\lambda_L=3$。

（一）消费者估值和预定量对最优预定价格的影响

图 4.1 表明，当卖方不采用预售策略时，参数 $\alpha$ 和 $\beta$ 对卖方的第一阶段价格即预定价格影响 $p_1$ 最小，第一阶段价格几乎是一条直线。当卖方采用预售策略时，最优预定价格都是随 $\alpha$ 的增加而递增（见图 4.1(a)），随着 $\beta$ 的增加而递减（见图 4.1(b)）。最优预定价格由高到低的顺序依次为价格保证 1、价格保证 2、预定和无预定策略。

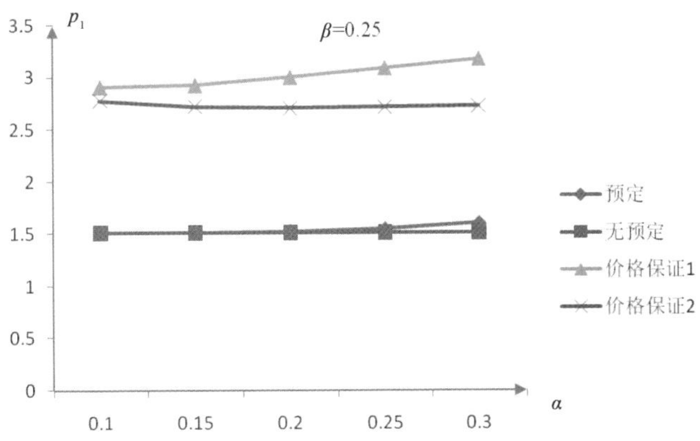


**图 4.1(a)　低类型消费者估值对卖方最优预定价格的影响**

这个结果表明当卖方采用价格保证机制时，无论采用的是退款可变或者不变的价格保证机制，都向消费者传递了积极的正面信息，会提高消费者的产品估值，所以，可使卖方选择高于无价格保证时的最优预定价格。由于预售策略保证提前预定消费者在正常销售期产品可得，尤其是当预售量接近产品订货量时，可以率先获得产品，因此，会诱使高类型消费者提前预定，即采用预售策略时的最优预定价格肯定会大于无预售策略时的最优价格。

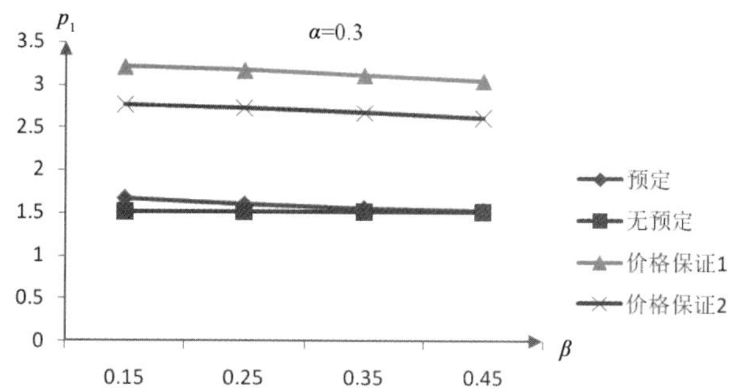


**图 4.1(b)　高类型消费者预定量对卖方最优预定价格的影响**

（二）消费者估值和预定量对卖方期望利润的影响

图 4.2 表明，在卖方采用的四种预售策略中，卖方的期望利润都随着衡量低类型消费者估值变化的参数 $\alpha$ 的增加而递增（见图 4.1(a)），随着衡量高类型消费者预定量变化的参数 $\beta$ 的增加而减小（见图 4.1(b)），而且，卖方的期望利润由高到低的顺序依次为价格保证 1、价格保证 2、预定和无预定。这是因为在总订货量固定不变的情况下，卖方采用价格保证机制时，提高了消费者的产品估值即 $\alpha$ 会增加，可以选择更大的最优预定价格，同时预定量也更加集中并有所提高，即反映预定量变化幅度的 $\beta$ 越小，所以提高了卖方的期望利润。

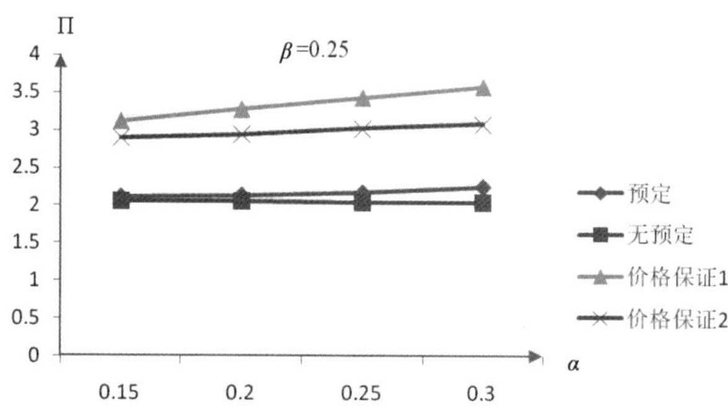


**图 4.2(a)　低类型消费者估值对卖方期望利润的影响**

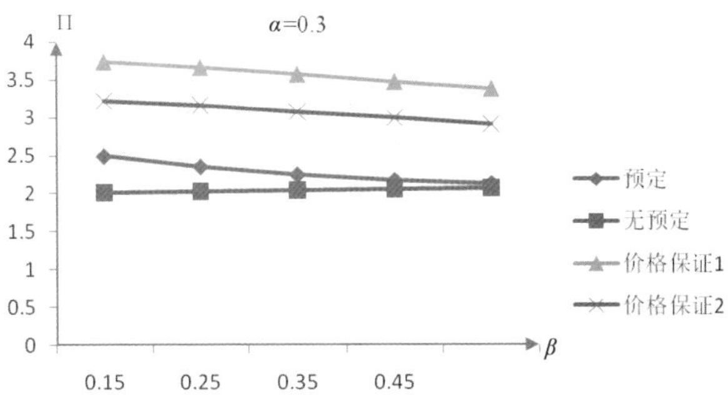


**图 4.2(b)　高类型消费者预定量对卖方期望利润的影响**

通过对比图 4.2 和图 4.1 中的图形可知，$\alpha$ 和 $\beta$ 对卖方预定价格和期望利润的影响路径比较接近，图形比较相似，对无预定策略的影响都最小，接近一条直线。

（三）卖方期望总利润综合对比分析

前面只考虑了参数 $\alpha$ 和参数 $\beta$ 的变化对卖方最优预定价格和期望利润的影响，下面的算例分析中将考虑当高类型消费者需求均值发生变化时，对于 $\alpha=\{0.1,0.3\}$ 和 $z=\{0.5,1\}$，参数 $\alpha$ 和参数 $z$ 的四种不同组合对卖方期望利润的影响，其中 $z=\dfrac{\beta}{\sigma_H}$。如前面分析提到实际的低类型消费者估值（$LCV$），对于 $x\in I_1$ 是 $(1-\alpha)v_L$ 和 $x\in I_2$ 是 $(1+\alpha)v_L$。$\alpha=0.1$ 和 $\alpha=0.3$ 分别衡量了低类型消费者估值对于高类型消费者的预定量适中依赖和深度依赖的情况（见图 4.3）。由于预定量 $x\in I_i$ 的概率 $p_1=p_2=F(\mu_H-\beta)=\Phi\left(\dfrac{\mu_H-\beta-\mu_H}{\sigma_H}\right)=\Phi(-z)$，对于 $z=0.5$，计算可得 $p_1=p_2=\Phi(-0.5)=0.31$ 和 $p_0=1-2p_1=0.38$；同样，对于 $z=1$，计算可得 $p_1=p_2=\Phi(-1)=0.16$ 和 $p_0=0.68$。因此，$z=0.5$ 和 $z=1$ 分别对应于低类型消费者估值对高类型消费者预定量 $x$ 的宽度依赖和狭窄区域依赖情况（见图 4.3）。

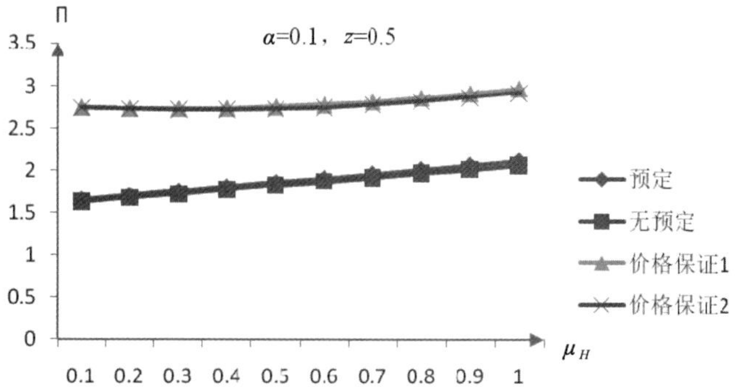


图 4.3(a)　参数组合 1 对不同预售策略利润的影响

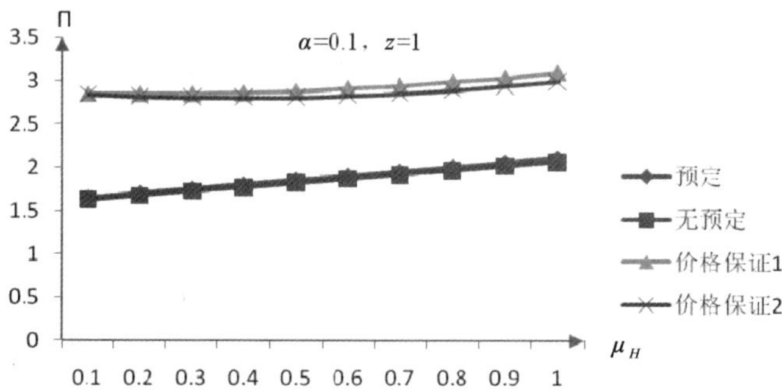


图 4.3(b)　参数组合 2 对不同预售策略利润的影响

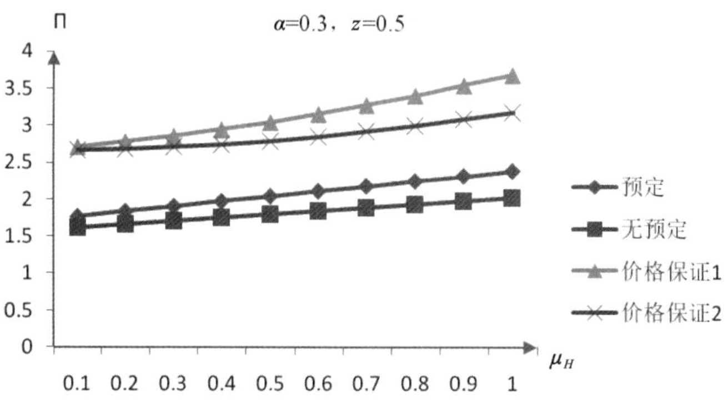


图 4.3(c)　参数组合 3 对不同预售策略利润的影响

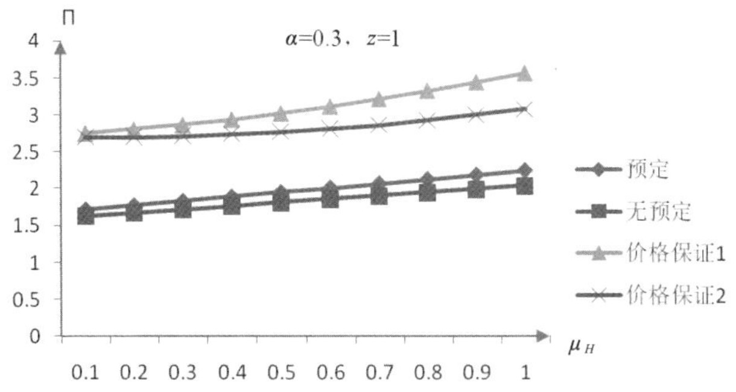


**图 4.3(d)　参数组合 4 对不同预售策略利润的影响**

图 4.3 表明当高类型消费者的预定需求均值 $\mu_H$ 从 0 到 1 变动时，在卖方提供的所有四种预售策略中，预定策略优于没有预定策略，有价格保证的预定策略优于没有价格保证时的预定策略。而且通过四幅图形对比发现，$\alpha$ 和 $z$ 越大，$\alpha$ 和$z$ 对四种预售策略的卖方期望利润影响越大越明显。也就是说，当卖方考虑低类型消费者估值随高类型消费者实现的预定需求发生变化时，提前需求信息总是给卖方提供积极价值。与 LZ13 结果不同的是，他们研究得出如果高类型消费者需求相对较低时，卖方应该只提供预定策略，如果高类型消费者需求相对较高时，卖方提供具有价格保证的预定策略才会更有利，否则应该提供无预定策略，即没有预售，只在正常期销售产品(见 LZ13，P.67 中的图 2)。

换句话说，根据 LZ13 的研究结果，对于一定范围的高类型消费者需求均值 $\mu_H$ ，提前需求信息可能对卖方没有价值(对于足够大的 $v_L$ ，这样的范围可能退化为零)。他们详细讨论了提前需求信息的反面影响，为了更好理解提前需求信息的反面影响，应该注意到他们模型中与本书不同的一个关键假设，即他们假设两类消费者的两期需求是相关的，相关程度用系数 $\rho$ 衡量，相关系数 $\rho$ 也被看作是衡量提前需求信息精确度的指标，非负的 $\rho$ 表示提前需求信息和差别定价之间可能冲突，如“精确的需求信息可能增加正常销售期的产品可得率，这会阻止卖方在预售期为高类型消费者提供更高的价格”(LZ13，P.70)，这样的冲突被称为提前需求信息的反面影响，提前需求信息的另一种反面影响能够在 $\rho < 0$ 的情况和价格保证模型中观察到。

然而，在本书的预售策略模型中，假设两类消费者的两期需求是独立不相关的，因此不存在提前需求信息的这种反面影响。应该注意到在本书的无预定策略模型中，高类型消费者的需求信息对低类型消费者的估值仍然有影响，因此，卖方仍然会从提前需求信息中获利。没有价格保证的预定策略和不提供预定的销售策略之间的唯一区别就是，在没有价格保证的预定策略中，订货量是在高类型需求实现之后确定的，而不提供预定的销售策略中，订货量是在高类型需求实现之前就确定的，降低了预定量与两类消费者需求相匹配的程度，这一点也很好地解释了为什么参数 $\alpha$ 和 $\beta$ 对卖方无预定策略时的预定价格和期望利润几乎无影响，所以提供价格保证的预定策略总是优于无预定的销售策略。不管使用哪一种退款模型，对于退款 $\eta=0$ 的价格保证预定策略就等价于没有价格保证时的预定策略。因此，有价格保证的预定策略总是优于没有价格保证时的预定策略。

### 二、结论

正如在 Prasad et al.(2011)中指出来的，预售策略对于卖方和消费者有三种主要利益。首先，由于在预售季节接受预定是预先承诺降低了库存过量或短缺的风险，即降低了库存成本；其次，由于正常销售季节需求与预定数量可能相关，预售提高了正常销售季节中需求预测的准确性；最后，预售可以帮助卖方利用消费者对于产品估值的不确定性，实施动态定价，而且消费者价值不确定性越高，对卖方越有利(Prasad et al.，2011，P.129)。

本书研究卖方从混合预售中获利的一种特定情况，即根据预定结果更新低类型消费者的估值，证明在所有高类型消费者接受预定时，理性预期(RE)均衡的存在性和唯一性。也检查了提供价格保证的预定策略和无预定策略。结果发现预定策略总是占优于无预定策略，并且卖方总是从价格保证中获利，本书的研究结果对于正在实施和考虑采用预定策略的企业提供有价值的运营管理建议，可以帮助企业提高运营效率，降低运营成本。

## 第四节　一汽丰田预售价格保证策略分析

通过对考虑顾客策略型行为的预售价格保证机制的分析，本章选取价值随时间流逝的汽车产品，以宁波一汽丰田汽车预售策略为例，根据梳理的基于顾客行为的预售策略相关理论研究，分析一汽丰田汽车预售中的运营管理问题，进行新款汽车上市发布之后的需求预测，确定最优订货量，并结合前面的预售策略理论模型，以一汽丰田经销商销售数据为基础验证理论模型，分析一汽丰田经销商的预售策略，设计最优定价和最优订货策略。

丰田公司在中国有两家生产商，分别是天津一汽丰田和广州丰田。两家生产商都有自己单独的产品生产线，而两家的产品线组合后就形成了丰田汽车在中国完备的产品线。这一节内容主要根据对一汽丰田4S店——宁波雅华丰田汽车销售服务有限公司的调研访谈，全面了解一汽丰田新款汽车发布上市之前，如何确定预售价格和预定量，并据此如何确定产品上市发布之后的价格和最优总订货量。根据前面构建的是否预定的理论模型，代入调研所得企业具体相关数据，分析预售策略对丰田汽车经销商收益的影响，最后，有针对性地提出相应策略建议。

宁波雅华丰田汽车销售服务有限公司，是一汽丰田正式认定的汽车销售4S店，也是中基集团（中国500强企业）旗下的一家汽车销售4S店。公司拥有的汽车展示厅面积有1 200多平方米，目前是宁波地区档次最高、规模最大的展示厅之一。公司拥有的维修厂区有2 000多平方米，配备了从日本、瑞士、德国进口的丰田专用检测电脑、四轮定位仪、检测线、大梁校正仪等世界一流的检测和维修设备。除了一直销售一汽丰田各款车型和丰田原装进口汽车，现在也开始销售价格至少在20万以上的一汽奥迪等高端汽车车型，并为客户们提供优质的售后保养及维修服务。

## 一、丰田汽车运营概况

在目前中国汽车市场整体增长逐渐放缓的环境下，日本的汽车企业却呈现集体回暖的态势。从2017年上半年的整体销量来看，丰田汽车在中国销售的新车累计零售销量为56.4万辆，其中一汽丰田销售34.5万辆，同比增长10.1%。广汽丰田累计销售21.9万辆，同比增长6.3%，均呈现增长态势。比自主巨头长安汽车、吉利汽车销量都要高，而且远远高于同期国产汽车的销售量增长率。另外，丰田汽车公司发布的数据显示，2017年全年，一汽丰田在中国汽车市场上的销售量达到了69.3万辆，超过了年销量目标67万辆，广汽丰田销量为44万辆，刚刚超过年销量目标43.5万辆。

### （一）主要产品类型

丰田公司主要依靠在全国的27个省（直辖市）共550余家的4S店（维修站）所在的营销网络，其中一汽丰田300多家。在中国销售的一共有雅力士、威驰、花冠、卡罗拉、凯美瑞、锐志、普锐斯、皇冠、RAV4、汉兰达、FJ酷路泽、普拉多PRADO、兰德酷路泽、特锐、柯斯达等14个产品。其中家用车型包括雅力士、威驰和花冠，行政用车包括卡罗拉、凯美瑞、锐志和皇冠，城市越野车包括普拉多PRADO、兰德酷路泽、RAV4、汉兰达和FJ酷路泽等，商务舱车型包括普锐斯和特锐，公共舱车型是柯斯达。

（二）产品预售策略

丰田公司针对中国市场的产品生命周期特征，在产品投入期消费者对新产品不了解时，往往销量较低、费用及成本高且利润低，有时甚至亏损。丰田公司把握这个进入市场最严峻的一个阶段，能很好地通过营销策略过度成可以盈利的“新车效应期”，而在产品进入衰退期前就会对产品进行调整，通过换代或者淘汰而彻底跳过产品的衰退期。在产品生命周期的每个阶段，丰田汽车的产品策略也是不一样的。本书主要研究的是丰田公司在新产品投入市场前的产品预售策略。

考虑到市场中高类型消费者的策略型行为，所以，所谓的预售价格是厂家试探市场的一个过程，如果预售价格发布以后，各个汽车4S店收到的订单多，证明预售价格被市场接受。实际价格就不会低于预售价格，甚至会更高。相反如果收到的预定单较少，则实际价格可能会低于预售价格（见表4.1）。

**表4.1 汽车预售价格与实际官方报价**

| 品牌和车型 | 预售价 | 实际官方报价 | 价格差（官方报价—预售价） |
|---|---|---|---|
| 现代——名图 | 15～20万 | 12.98～18.98万 | 低配2万，高配1万 |
| 大众——新捷达 | 9.98～12.08万 | 8.28～11.93万 | 低配1.7万，高配1 500元 |
| 铃木——锋驭 | 11.28～15.58万 | 10.98～15.48万 | 低配3 000元，高配1 000元 |
| 日产——新奇骏 | 18.88万 | 18.18万 | 便宜7 000元 |
| 斯柯达——野帝 | 18—25万 | 16.58～24.18万 | 低配1.42万，高配8 200元 |
| 雪弗兰——创酷 | 13万 | 11.99万 | 低配1万 |
| 标致——2008 | 10～15万 | 9.97～13.67万 | 低配不变，高配1.33万 |
| 陆风——X5 | 12.18万起 | 9.98～11.58万 | 低配2.2万，高配6 000元 |
| 广汽GS5 | 15万 | 12.38万 | 便宜2.62万元 |

表4.1中的数据是2014年9月份各品牌车的预售价和官方报价，观察表4.1可知，有些品牌的低配车车型实际官方报价低于预售价格较多，如现代名图低配车便宜了2万，也有的低配车车型价格基本保持不变如标致2008，除了标致2008高配车便宜了1.33万和现代名图的高配车便宜了1万，其他车型号的高配车便宜不多，这些数据说明低配车预定需求偏低，所以实际官方价格会便

宜较多,而高配车预定需求适中但也不是很高,所以基本官方报价都低于预售价,只是相比于低配车型便宜的较少。目前国内汽车市场已不存在供不应求的情况,所以包括丰田汽车在内都没有出现官方报价高于预售价的情况,产品正式发布上市之后的价格基本全部都低于预售价格,所以有些低类型顾客会等一个月,在产品正式发布后再购买,但可能会面临产品缺货的风险。

丰田经销商在确定预售策略时,基本都会根据生产商的产能和前 3 个月的销售情况,分析市场是处于供大于求还是供求平衡状态,再结合产品的生产成本确定预定价格。客户在预定时先预付整车款的 10%～20%,大概在 3 000～5 000 元。产品正式发布上市后短期内不会降低产品价格,因为一般预定的顾客都不会在乎价格,比较看重交货期,只希望能够最快拿到新车。

（三）产品销售概况与目标

虽然在 2015 上半年,丰田汽车销售有所回暖,但是据丰田官网显示,2015 年丰田公司设定在中国全年的销售目标为 110 万辆,而这也正是 2014 年丰田公司在中国的销售目标,只不过 2014 年丰田在中国大陆地区市场销量为 103.24 万辆,与企业设定的目标尚有一定差距。由于在 2015 年,丰田公司没有在中国市场推出像 2014 年一样的新车密集攻势,大幅改款和全新车型比较少,所以,销量增速基本与整体车市保持齐平。

据丰田公司最新快报显示,丰田集团(丰田、大发、日野)2017 年度全球销量预计为 1 035.4 万辆,与 2016 年度全球销量同比为 102%。此外,丰田集团 2018 年度全球销售目标为 1 049.5 万辆,与 2017 年度全球预计销量比为 101%。

## 二、丰田汽车预售价格保证策略分析

丰田汽车在浙江省宁波市一共有 9 家 4S 店,本书选取在宁波市档次最高规模最大的宁波雅华丰田汽车 4S 店为调研对象,并以一汽丰田某两个新款中端车和高端车为例(因涉及行业机密,应提供资料方要求,没有写出具体型号),分析两款汽车采用预售策略和无预售策略及预定价格保证机制时的卖方期望总利润变化,其中的销售量数据分别指两款汽车在宁波市的预售量和正常销售量。

根据调研所得资料可知,两款车在正式发布上市之前的预售期均为一个月,顾客可以通过丰田汽车的 4S 店或者官网进行预定,先交两三千元的定金,正常销售期开始先满足预定客户即高类型消费者的需求,收到货以后如果没有质量问题也不能退货,正常销售期为半年,半年后两款汽车的价格都开始有所下降。其中中端车预售价为 $p_1=12.78$ 万元,产品正式发布后的正常销售价为 $p_2=12$

万元，即设定低类型消费者的估值为 $v_L=12$ 万元，高类型消费者的估值为 $v_H=13$ 万元，在一个月的预售期销售量即预定量为 $q=1200$ 台，正常销售期销售量为 $Q=3\ 000$ 台，生产成本为 $c=8$ 万元。高端车预售价为 $p_1=29.48$ 万元，产品正式发布后的正常销售价为 $p_2=28$ 万元，即低类型消费者的估值为 $v_L=28$ 万元，高类型消费者的估值为 $v_H=30$ 万元，预售期销售量即预定量为 $q=200$ 台，正常销售期销售量为 $Q=500$ 台，生产成本为 $c=17$ 万元。如果不考虑低类型消费者估值跟随高类型消费者预定量的变化，卖方预售中高端两款汽车的总利润为：$\Pi^p=p_1q+p_2Q-c(q+Q)$，通过代入两款汽车的相关数据计算得：中高端汽车采取预售策略时的总期望利润分别是 17 736 和 7 996 万元。

本书假设丰田汽车面向的是丰田汽车用户市场，调研所得数据也是购买丰田汽车的用户数据，因此符合基本模型中垄断市场的设定，根据前面构建理论模型推导得到的卖方采用预售策略时的期望利润公式：

$\Pi^p=(p_1-c)\mu_H+\pi_{20}-v_L\sigma_LF(\mu_H-\beta)\,[(1-\alpha)\varphi(z_1)-2\varphi(z_0)+(1+\alpha)\varphi(z_2)]$，当卖方考虑低类型消费者随预定量发生变化时，取 $\lambda_H=4$ 和 $\lambda_L=3$，中端汽车高低两类消费者的估值分别为 $v_H=13$ 万元，$v_L=12$ 万元，两类消费者的需求均值分别为 $\mu_H=1\ 200$ 和 $\mu_L=3\ 000$。一汽丰田高端汽车高低两类消费者的估值分别为 $v_H=30$ 万元，$v_L=28$ 万元，两类消费者的需求均值分别是 $\mu_H=200$ 和 $\mu_L=500$。对比分析结果如图 4.4 所示。

（一）消费者估值和预定量对一汽丰田预售绩效的影响

本部分主要分析当低类型消费者估值随高类型消费者预定量发生变化，即衡量低类型消费者估值变化的参数 $\alpha$ 和衡量高类型消费者预定量变化的参数 $\beta$ 发生变化时，一汽丰田汽车实施预售所产生的期望利润的变化（如图 4.4 所示）。

由图 4.4 可知：①无论是对于消费者估值较低，但需求量较大的中端汽车，或者是对于消费者估值较高，但需求量相对较小的高端汽车，当考虑低类型消费者估值随预定量发生变化时，卖方的利润都是随着 $\alpha$ 的增加而递增，随着 $\beta$ 的增加而减少，这和前面的理论模型推导及数值模拟分析结果是一致的。②只要卖方在实施预售策略时，考虑了低类型消费者估值随预定量发生变化，再确定正常销售价格，所产生的利润都高于不考虑低类型消费者估值发生变化时的预售期望总利润。

而且，对比图 4.4(a)图和 4.4(b)可知，很明显衡量高类型消费者预定量变化的参数 $\beta$ 对一汽丰田的高端汽车预售时的期望总利润影响更大。

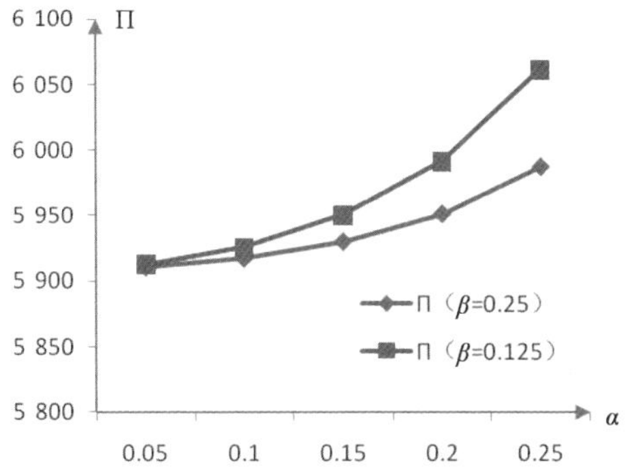


图 4.4(a) $\alpha$ 和 $\beta$ 对中端汽车总利润的影响

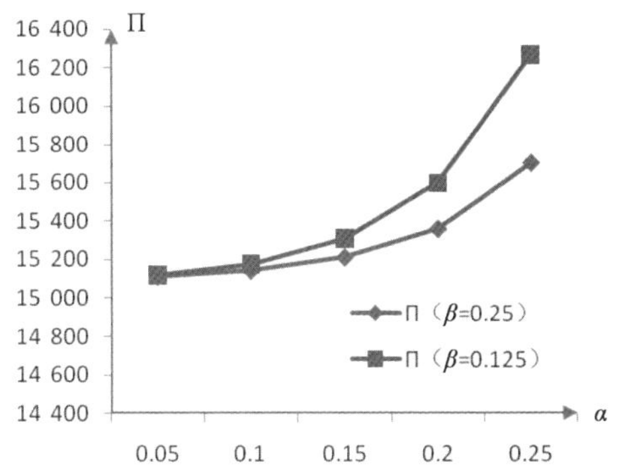


图 4.4(b) $\alpha$ 和 $\beta$ 对高端汽车总利润的影响

（二）消费者估值和预定量对一汽丰田价格保证机制绩效的影响

实践中，无论国内外各汽车品牌，在每次推出新款汽车型号时，基本都是采取预售策略销售，只是不同品牌车型在预售时会采取不同的预售定价策略，如大部分不同品牌每次推出不同档次配置的新款汽车时，都会采用高价预定，然后在产品正式发布上市后再降价销售，即预定价格肯定高于正常销售期价格，就是前面所介绍的溢价预售，但是国外汽车品牌基本不会采取差价补偿机制，即如果降价，就补偿预定顾客差价的价格保证机制。但是，为了吸引丰田汽车的高类型客户尽可能早地提前预定，在新款汽车上市之前的预售期，丰田汽车也会赠送大礼包，如赠送一些汽车配饰、汽油票或者延长免费保养期等，即无论正常销售期价格降低多少，都不再退还差价，因此，顾客预定时赠送的大礼包就相当于本书理论研究中退款不变的价格保证机制。有个别国产品牌在推出某新款汽车时会采取折扣价限量预售，但其实都只是为了赚取噱头而已，有的只限定两辆汽车折扣价预售,其真正目的还是为了吸引消费者的注意,推广自己的产品和品牌,提升新产品销售人气,所以数量不会很多。也有些国产品牌会采用类似正常销售期降价就补偿消费者差价的价格保证机制,如 2013 年元旦前后,奇瑞 QQ 汽车在对新款汽车预售时,采取多退少不补的价格保证机制,刺激消费者尽可能早地提前预定,不要等待到正常销售期。但是针对不同车型及配置会采取不同的预售价格保证机制。一般国外汽车品牌包括一汽丰田在进行新款汽车预售时,基本都不会采取任何价格保证机制。当然国产品牌在采用价格保证机制的预售策略时,并没有考虑消费者估值会跟随预定量调整的情况。而本书将针对低类型消费者估值发生变化时,对卖方预售价格保证机制绩效的影响。

图 4.5 表明:

(1) 虽然当衡量低类型消费者估值变化的参数 $\alpha=0.3$,衡量高类型消费者预定量变化的参数 $\beta=540$ 时,卖方提供可变的价格保证机制 2 时的期望总利润为 17 743.72 万元,接近于经销商预售中端汽车的期望总利润 17 736 万元,但是无论是一汽丰田的中端汽车还是高端汽车,当经销商考虑低类型消费者的估值随预定量发生变化时,提供的退款不变和退款可变的两种不同价格保证机制时,卖方所获得的利润都大于预售无价格保证机制时的利润,而且与理论分析结果一样,卖方的期望总利润都是随着 $\beta$ 的增加而递减的(见图 4.5(a)和 4.5(b))。

(2) 无论对于相对高类型消费者需求和低类型消费者需求都比较大的中端汽车,还是两类消费者需求相对较小的高端汽车,经销商采取退款不变的价格保证机制 1 时的期望利润都是大于退款可变的价格保证机制 2 的期望利润(见图 4.5(a)和 4.5(b))。

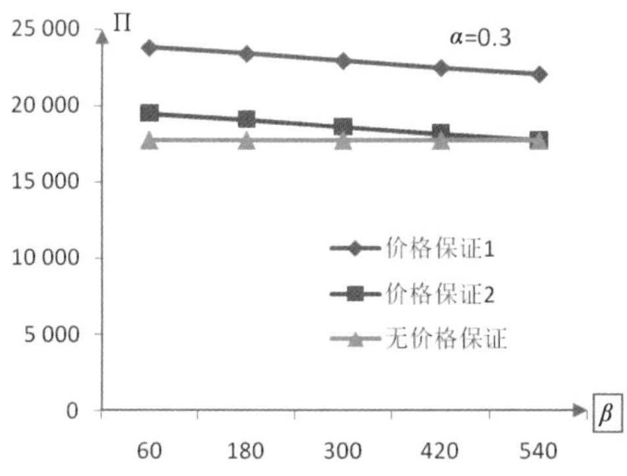


**图 4.5(a)　消费者估值和预定量对中端车价格保证机制绩效的影响**

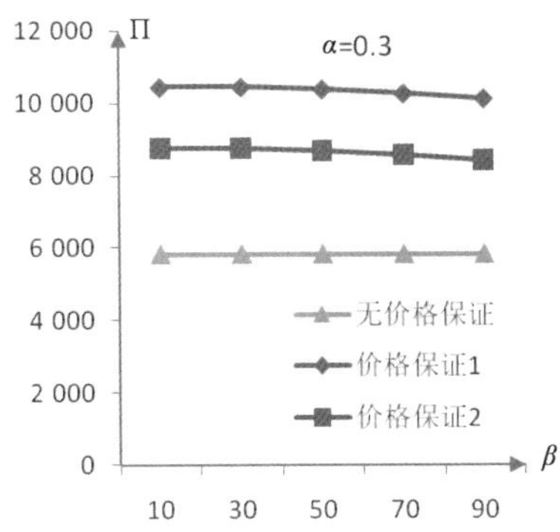


图 4.5(b)　消费者估值和预定量对高端车价格保证机制绩效的影响

## 本章小结

在卖方采用预售策略时，为了减轻消费者的策略型等待行为对预售策略的负面影响，需要考虑是否采用价格保证机制，所以在面对策略型消费者时，为了诱使高类型消费者尽可能早地购买，卖方需要考虑是否提供预售以及何时提供预售策略。如果卖方实施预售策略，那么何时应该提供价格保证机制，以及提供怎样的价格保证机制，即如何确定退款的大小，是提供不变的退款，还是应该提供可变的退款保证机制，即两期销售价格的差价。针对高类型消费者预定需求均值的变动，本章对比四种预售策略的绩效，得出以下结论：

第一，无论高类型消费者预定需求均值如何变化，当低类型消费者的估值依赖于高类型消费者实现的预定需求量时，提供预定策略相比于无预定策略，对卖方来说总是有利的。这是因为当高低两种类型消费者需求独立且不相关时，不仅没有提前需求信息的反面影响（见 LZ13），还能从确定的预定需求信息中获利。

第二，由于当卖方不采用预售策略时，库存即订货量是在产品销售期开始之前就已经确定的，而当卖方实施价格保证的预定策略时，库存是在卖方结束预售，获得确定的提前需求信息之后才确定的，所以，对于有价格保证的预定策略，无论退款是不变还是可变的，相比于无预定策略总是对卖方有利的。

第三，在卖方采用预售策略时，无论卖方采用何种价格保证机制，有价格保证的预定策略总是优于无价格保证时的预定策略。

而在实践中，由于不同产品采用的预售保证机制差别较大，比如本书选取的一汽丰田汽车在预售过程中，一般在预售期结束，产品正式发布后很快就会降价，但降价幅度都不会很大，甚至不降价，否则就会减少经销商的利润。因为在新款汽车刚发布上市后不久，消费者的需求不确定性是最高的，而且如果刚上市不久就大幅降价，会影响以后新款汽车的预售需求，因为消费者会基于上市不久就会大幅降价的理性预期，可能选择策略型等待。所以，如果经销不基于考虑低类型消费者对新款汽车的估值会随着预定量发生变化来确定最优预定价格，汽车经销商适合采取预售策略，但不采取任何价格保证机制。

# 第五章

# 基于顾客策略型行为的预售退货保证策略

近年来,随着全球化市场竞争趋于白热化,产品的种类和功能越来越具有替代性和多样化,产品和价格已不再是最有效的竞争手段,时刻关注顾客的需求才是赢得顾客的关键,而且企业发现良好的退货政策能够提升顾客的忠诚度,为企业带来良好的效益。因此,许多企业在实施预售策略时,基本都提供退货服务,消费者退货策略变得司空见惯。而且随着移动互联网的快速发展,虽然卖方可以更方便快捷地向消费者提供预定服务,但是消费者也可以随时零成本地提出退货退款申请,导致退货量大幅增加。

如中国互联网信息中心于 2017 年 1 月发布的第 39 次调查报告显示:截至 2016 年 12 月,中国网民规模达 7.31 亿,互联网普及率达到 53.2%,超过全球平均水平 3.1 个百分点,超过亚洲平均水平 7.6 个百分点。全年共计新增网民 4 299 万人,增长率为 6.2%。中国网民规模已经相当于欧洲人口总量。手机网民规模达 6.95 亿,增长率连续三年超过 10%。台式电脑、笔记本电脑的使用率均出现下降,手机不断挤占其他个人上网设备的使用。移动互联网与线下经济联系日益紧密,2016 年,我国手机网上支付用户规模增长迅速,达到 4.69 亿,年增长率为 31.2%,网民手机网上支付的使用比例由 57.7%提升至 67.5%。手机支付向线下支付领域的快速渗透,极大丰富了支付场景,有 50.3%的网民在线下实体店购物时使用手机支付结算。再比如,虽然 2017 第九届“双十一”全球狂欢节最终成交额 1 682 亿元,无线成交额占比 90%。全球消费者通过支付宝完成的支付总笔数达 14.8 亿笔,比 2016 年增长 41%。但是根据中国行业研究网数据显示,2017 年“双十一”的退货率已达 25%,部分商家更高达 40%。退货原因主要是消费者拿到货物后,认为产品与想象中有所差别;其次是商品质量问题,消费者认为产品质量与产品网络宣传和消费者预期存在差异等。如 2017“双十一”当天共产生 8.12 亿个物流订单。从 11 月 12 日开始，有一部分人会反悔，利用 7 天无理由退货条款来退货。比如，有些消费者在网购时拎不清衣服的颜色款式，就会一口气将数种不同类型的全部买下，在收到货物试穿后，将多余的商品退回。再如 2015 年 10 月，预定的消费者在拿到 iPhone 6S 之后，发现三星和台积电生产的芯片存在质量差别，而且打开手机屏幕时 Touch ID/Home 键很烫、iPhone 6S 在机身发热时，闪光灯会失效等质量问题，出现众多果粉要求退货的退货潮。

当卖方采用预售策略时，由于消费者在做出是否预定决策之前，与在网上购物一样，不能接触到或试用产品和服务，对产品估值仍然存在很大的不确定性。而且，卖方采用预售策略也正是利用了预售期消费者对产品未来价值的不确定性，导致可能出现预售期需求大于正常销售期需求的情况，但是经常会在消费者拿到产品之后，出现产品与自己的心理预期存在差异等情况，或者是其他因素造成的产品与需求不匹配。所以，虽然退货策略能够向消费者传达高质量产品等信息，提高消费者的支付意愿，鼓励更多顾客购买产品，但反过来也会因为预定量越多产生更多地退货量，并给企业带来难以估量的损失。如美国 2014 年国家商品的退货率为 8.89%，由此带来的损失高达 2 800 亿美元。根据美国国家零售联合会（NRF）的数据统计，总体而言，美国人在 2015 年共返回了 2 600 亿美元的商品，占总采购量的 8%。另外，据华尔街日报报道，2014 年 9 月，iPhone 6 plus 通过官网预售并很快售罄，此种产能有限情况下，卖方不需要提供退货策略。

由于预定消费者的退货行为受产品质量、消费者个人行为、消费者对产品的估值，卖方提供的退款金额和退货政策等多个因素的影响，所以，本书主要研究在卖方产能有限时，卖方考虑到顾客的策略型等待行为和退货行为，如何实施预售策略，是否需要提供退货策略。如果提供退货策略，应该如何确定退款金额。由于退货不仅给卖方带来了成本支出，主要表现在物流、商品破损率、商品周转运输等，其中造成的最大成本是物流、财物、人员以及重新办理退货手续的流程等引发的各项成本支出，造成了系统的瘫痪，也带来了巨大的社会资源浪费。调查结果显示，2016 年“双十一”在生产、打包和运输过程中产生的二氧化碳排放量达到 25.8 万吨，相当于 258 万棵树净化的量，过程中产生了 13 万吨的包装垃圾，其中回收利用率不到 10%。因此，本书也考虑在出现大量退货时，卖方的退货再处理成本对其预售退货保证机制的影响。

## 第一节　基于顾客策略型行为的预售退货问题描述

### 一、预售退货策略相关研究

关于预售中退货保证机制的研究还相对较少，现有的退货策略研究往往都是针对正常销售而言的。如Su（2009）认为由于消费者对产品估价不确定性的变化导致了退货，消费者退货行为依赖于产品的适合程度，以报童模型为基础分析全价退货和折价退货策略下的供应链协调问题。申成霖等（2010）研究服务水平确定约束下，策略型顾客退货模型，分析了回购契约、基于差别定价回购契约和销售回扣契约下商品的最优价格、最优订货量和最优退货价格的确定。

在预售阶段，消费者对新产品真实价值的估计是不确定的，而且，正是由于预售导致了消费者购买决策与产品体验的分离，产品价值与消费者的需求偏好存在差异，从而导致了消费者的无缺陷退货问题。因此，目前预售领域的一些研究开始转向基于产品无缺陷的退货策略研究。李勇建等（2012）研究了消费者产品估价和需求均不确定的情况下，零售商无缺陷退货的预售策略问题，分析了在不同退货策略下零售商的最优预售折扣，研究发现全额退款退货策略和不提供退货策略都可能导致估价不确定风险和库存风险的不合理分摊，而最优的退货策略是部分退款退货策略，且最优退货价格为产品的残余价值（Su，2009）。Guo（2009）延伸了Xie & Gerstner（2007）的研究，考虑少数卖主垄断市场的预售，检查产能约束情况下，竞争环境中部分退款政策的获利能力，他发现对于预购提供部分退款相比于无退款加强了竞争，降低了企业的利润。Nasiry & Popescu（2013）提出为了减轻消费者后悔行为对卖方预售策略的负面影响，卖方在采用预售策略时，可以实施退货保证机制。国内学者杨光勇和计国君（2014）把顾客分为策略型或战略顾客（Strategic Customers）和询价顾客（Bargaining Hunters），战略顾客在第一期购买即将发布上市的新产品，当在第二期获得产品之后，发现购买的产品与预期存在差异，即会产生退货行为，退回的产品可以在第二期不再销售或不降价再销售，也可以降价再销售，通过数值模拟分析，提出卖方应该提供不同退货策略的条件。姜宏（2015）研究了卖方对顾客提供无理由退货时，顾客策略行为对两种缺货保障策略（即公开库存策略和缺货补偿策略）的价值。

Gale & Holmes（1993）解释了产能有限的企业面对不确定的消费者需求时，

可以通过采用预售策略引诱消费者提前购买扩张他们的产能，由此减少消费时的需求风险。DeGraba(1995)发现如果市场清仓价使得顾客偏好于等到现场期购买，则企业应该有目的地限制产能，这种策略型的产能稀缺会诱使消费者在不知情的情况下，尽可能提前购买，因为如果他们等到到现场期购买可能会买不到产品，这会增加卖方收益。Shugan & Xie(2000,2005)和 Xie & Shugan(2001)证明使预售有利的条件越来越普遍，预售产品不需要具备明确的产业特征。这些研究总结预售不仅对产能约束的企业有利，而且也是有效的营销工具。Fay & Xie(2010)通过比较预售和概率销售的使用，推导一方占优于另一方的条件，延伸了他们的工作。Boyacı & Özer(2010)利用预售(即消费者购买产品的早期承诺)确定产能决策。Cho & Tang(2013)比较分析了在产能有限情况下，预售、正常销售和动态销售三种策略。本书的退货模型中也假设产能有限，而且退货策略向消费者传达了高质量信息，所以会吸引高估值类型消费者提前预定。

综上所述，国内文献研究了考虑策略型消费者行为时，卖方提供的无缺陷退货策略，但是没有研究当卖方采用预售策略时，卖方是否应该提供退货保证机制。或者研究了预售退货策略，但是没有考虑消费者的策略型等待购买行为。因此，本章在 Guo(2009)和 Nasiry & Popescu(2013)基础上进行拓展研究，沿袭在卖方产能有限情况下实施预售策略，将竞争市场环境的预售策略聚焦研究一家垄断卖方采用预售退货策略的情况。试图探究考虑顾客策略型购买行为时卖方是否应该在预售时采用退货策略及提供何种退货保证机制问题。

## 二、模型设定和相关假设

在本书的预售退货模型中，研究一个垄断卖方在两个销售时期销售一种即将发布上市的新产品，第一期为预定期，第二期为正常销售期，产品在第二期即正常销售期开始发布，但是卖方可以在第一期即预售期接受预定。根据市场中的消费者对预售产品的估值不同，把消费者分为高类型消费者和低类型消费者两类，而所有低类型消费者都是惰性消费者，同一类型消费者在每一期都是同质的。

卖方在预售期会使用展览、广告和他们的网站为消费者提供产品使用教程视频和图片说明及详细的产品信息，消费者也可以在专业媒体评论专栏找到详细的产品评论，因此，有足够的信息让消费者估计产品的价值，意味着高类型消费者在第一期预定时的估值是确定且相同的，用 $v_H$ 表示。所有高类型消费者都是策略型的，且全部在第一期达到做出是否预定的决策，所有预定保证在第二期产品发布时率先交付，已经成功预定的高类型消费者在第二期拿到产品之后，每个人对产品的实际价值不同为 $v_h$ ，独立同分布且服从 $[\underline{v},\bar{v}]$ 的均匀分布（见 Cachon & Swinney，2009 相同假设），均值为 $E[v_h]$ ，其分布函数和概率密度函数分别为 $\Psi(\cdot)$ 与 $\psi(\cdot)$ ，且 $\overline{\Psi}=1-\Psi$ 。如果预定顾客拿到产品后不满意，在保证产品不影响再次销售的情况下，产品配件齐全且产品无任何磨损缺陷时才能退回，即为无缺陷退货（李勇建等，2012）。本书假设低类型消费者对于全新产品和退回的无缺陷产品的估值（或最大支付意愿）无差异，均为 $v_L$ 。低类型消费者对产品的估值已经很低了，所以始终保持不变且 $v_L<\underline{v}$ 。所有低类型消费者都是惰性消费者且对预售产品估值更低，只会等待到第二期即正常销售期进入市场后再决定是否购买，卖方对正常销售期购买的产品不提供退货退款服务。卖方的生产或采购成本为 $c$ ，且 $c<v_L$ 。

产能约束可以使希望避免缺货的消费者更愿意提前购买，这可以从策略型地限制产能（DeGraba，1995；Liu & van Ryzin，2008）或溢价预售（Möller & Watanabe，2010；Nocke & Peitz，2007）文献中得到证明，而且产能约束时的溢价预售占优于消费者后悔没有预定行为对预售策略实施结果的影响（Nasiry & Popescu，2012）。由于产能约束使得卖方成功实施溢价预售的例子，在实践中也比较常见，比如小米和苹果的智能手机几乎在每次预售时，产能都是固定且有限的，导致出现预售火爆甚至售罄的场面，对卖方非常有利。所以，结合实践中溢价预售策略的实际应用，及相关考虑产能约束的预售文献（Xie & Shugan，2001；Nasiry & Popescu，2012）。本书假设卖方产能固定且有限为 $T$（$0<T<1$），市场规模为 1，用参数 $X$ 表示高类型消费者（$H$）的需求，用 $x$ 表示高类型消费者需求 $X$ 的实现值，且服从 $[0,1]$ 之间的一般分布，其分布函数和概率密度函数分别为 $F(\cdot)$ 与 $f(\cdot)$ ，且 $\overline{F}=1-F$ 。参数 $Y$ 表示低类型消费者（$L$）的需求，$y$ 是低类型消费者需求 $Y$ 的实现值，且剩余低类型消费者需求实现数量为 $y=1-x$ ，相当于两期需求是相关的。卖方提供的预售价格 $p_1$、正常销售期价格 $p_2$、退款 $r$ 和退货退款策略，消费者都可以观察到，卖方不知道高类型消费者在第二期对产品实际价值的大小，但知道高类型消费者在正常销售期实际价值的分布，每一个消费者的最大支付意愿是私人信息，其他消费者和卖方都不知道。卖方的产能是私人信息，消费者不知道。高类型消费者的策略型等待行为，卖方和其他消费者都观察不到，但可以观察到第一期的预定需求。消费者之间不允许再销售或者出现投机倒卖行为，每个顾客一次只能购买一单位产品，如在 iPhone 6

和 iPhone6 Plus 的裸机预购活动中,规定每个注册账号只能预定一部手机,即每人限购 1 台。所有其他参数和函数都是共同知识,所有参与者是风险中性和前瞻性的,即卖方的目标是最大化他的期望利润,消费者的目标是最大化她的期望净效用。

### 三、博弈过程

总体而言,所有参与者将依次做出以下决策:

(1)在第一期即预售开始之前,卖方首先要确定产能 $T$ 和产品的预售价格 $p_1$、退款 $r$ ( $r \leq p_1$ )和退货策略,并开始接受消费者预定。

(2)所有策略型高类型消费者在第一期到达,根据卖方设定的预定价格 $p_1$ 和他们对于第二期产品可得率的理性预期,通过权衡在第一期预定和第二期购买的期望效用做出是否预定的决策。

(3)预定期结束以后,卖方观察到高类型消费者预定需求的实现 $x$ ,决定正常销售期价格 $p_2$。已经预定的高类型消费者拿到产品,明确产品的实际价值 $v_h$ 之后,决定是保留产品还是退回产品。如果产品的实现价值 $v_h$ 低于退款 $r$ ( $r \leq p_1$ ),即 $v_h < r$ ,就会后悔在第一期购买并退回产品。如果产品的实现价值 $v_h$ 高于退款 $r$ ,即 $v_h \geq r$ ,则会保留产品。

(4)低类型消费者在正常销售期抵达市场,假设低类型消费者对于全新产品和无缺陷退货产品的最大支付意愿 $v_L$ 是相同的,根据第二期价格 $p_2$ 决定是否购买产品, 正常销售期购买的产品不能退回。

在理性预期(RE)均衡中,高类型消费者在第一期预定,并保证在产品发布时优先获得产品。低类型消费者在正常销售期购买产品,由于产能有限,所以不是所有剩余消费者需求都能在正常销售期被满足。在 RE 均衡中,消费者对产品价格和第二期产品可得率的预期及卖方对消费者需求和消费者估值的信仰与实际结果均一致,所有参与者都没有动机偏离理性预期均衡(REE)(见 LZ13)。本书拟采用后向推导法找到每一个销售期的最优解。

## 第二节 基于顾客策略型行为的预售退货模型

### 一、不提供退货的预售策略基本模型

本书首先用后向推导法分析卖方不提供退货保证机制的基本情况。

当卖方不提供退货策略进行预售时，在产能有限情况下，如果高类型消费者预定需求的实现 $x$ 小于卖方的产能 $T$ ，即有产能剩余，则低类型消费者有机会在第二期购买，只要卖方制定的第二期销售价格 $p_2$ 不高于低类型消费者的估值 $v_L$ ，他们都会购买。由于在第二期只有低类型消费者和没有成功预定到产品的剩余高类型消费者到达市场，所以卖方设定的最优价格应该等于低类型消费者的估值，即 $p_2 = v_L$ 。

由于产能有限，所以，当预定需求超过产能，即 $x \geq T$ 时，则第二期可得率为零。而当第一期预定结束后，如果产能仍然有剩余，即高类型消费者预定需求的实现小于卖方产能时，卖方在第二期也是优先服务策略型等待到第二期购买的高类型消费者。但是卖方为了不让高类型消费者推迟到第二期购买，可以使用第二期库存分配中的一些理性规则。如前所述，本书使用参数 $\theta \in (0,1)$ 定义这样的分配规则并假设 $\theta = 1$（相同假设见 Su & Zhang，2008；Cachon & Swinney，2009；Lai et al.，2010），这是因为策略型高类型消费者更加专注价格的降低，总是比低类型消费者率先到达现场购买，所以总是能优先获得产品。而且，根据理性预期均衡理论，高类型消费者对于第二期产品可得性的信念和有效分配规则一致。因此，当预定高类型消费者需求实现小于卖方产能，即 $x < T$ 时，用参数 $\xi_2$ 表示高类型消费者的第二期产品可得率信念，则等待到正常销售期购买的高类型消费者面临的产品可得率为：

$$\xi_2 = \begin{cases} \dfrac{T-x}{1-x} & 0 \leq x < T \\ 0 & T \leq x \leq 1 \end{cases}$$

当 $x < T$ ，即卖方产能超过高类型消费者预定需求实现时，第一期剩余产能为 $T - x$ ，用参数 $R_i(i = 1,2)$ 表示卖方的收益，则卖方在第二期的销售收益为：

$$R_2 = \begin{cases} v_L(T-x) & 0 \leq x < T \\ 0 & T \leq x \leq 1 \end{cases}$$

第二，由于产能在卖方开始预售前已经确定，策略型高类型消费者会基于对于现场销售期产品可得性的理性预期，决定是在第一期预定还是等待到第二期购买面临降价可能性和缺货的风险。而且，为了诱使高类型消费者在第一期预定，卖方必须确定合理的预售价格，而当策略型高类型消费者在第一期预定的期望效用 $u_1$ 等于等待到第二期购买的期望效用 $u_2$ 时，由于在第一期购买获得产品的可得率肯定要高于第二期的产品可得率，所以，肯定会在第一期提前预定。

由于产能有限，所以高类型消费者需求实现可能小于产能，也可能大于等于卖方产能，令 $\xi_1$ 表示策略型高类型消费者在第一期预定产品的概率，则高类型消费者在第一期预定时面临的产品可得率为：

$$\xi_1=\begin{cases}1 & 0\le x<T\\ \dfrac{T}{x} & T\le x\le 1\end{cases}$$

根据理性预期（RE）均衡，策略型高类型消费者理性预期第二期购买产品的可得性信念为 $\xi_2$，第一期预定价格为 $p_1$，产能为 $T$，即理性预期均衡结果与实际一致。所有高类型顾客在第一期预定产品需要满足条件 $u_1=u_2$，因为高类型消费者等待到第二期还要面临缺货风险，所以当其在第一期购买的效用等于等待到第二期购买的效用时，高类型消费者才会在第一期预定。

由于每个已经预定的高类型消费者拿到产品后对于产品的实际价值不同为 $v_h$，服从 $[\underline{v},\bar{v}]$ 的一般分布，所以高类型消费者在第一期预定的期望效用为

$$u_1=E[(v_h-p_1)]=[E(v_h)-p_1]\xi_1=[E(v_h)-p_1]\left[F(T)+\int_T^1\frac{T}{x}f(x)d_x\right]。$$

推迟等待到第二期购买的期望效用为：

$$u_2=[E(v_h)-p_2]\xi_2=[E(v_h)-v_L]\int_0^T\frac{T-x}{1-x}f(x)d_x\ 。$$

则所有高类型消费者都在第一期购买时的最优预定价格为：

$$p_1=E(v_h)-[E(v_h)-v_L]\frac{\xi_2}{\xi_1}\tag{5.1}$$

无退货时的利润用参数 $\Pi_{nr}$ 表示，下脚标 $nr$ 表示没有退货。当卖方不提供退货策略时的卖方期望总利润为：

$$\Pi_{nr}=\begin{cases}p_1x+v_L(T-x)-cT & 0\le\lambda<T\\ p_1T-cT & T\le x\le 1\end{cases}$$

## 二、退货正常再销售的预售策略

当卖方实施预售策略时，为了刺激高类型消费者尽可能早地购买，提供退货退款服务，且退货可在第二期再销售时，会给卖方带来很多因退货产品再包装、

再配送销售等物流成本。如 Davis et al.(1998)分析了卖方提供全额退款时，退货政策中的最优处理水平。Yalabik et al.(2005)也研究了减少退货成本的最优物流投资数量，及降低退货概率的最优营销投资。因此，本书也在处理退货产品时考虑了再处理成本对卖方收益的影响，用 $c_r$ 表示卖方在第二期再销售退货产品所引发的正常再处理成本，下角标 $r$ 表示退货。

为了让低类型消费者在第二期购买，卖方的价格不能高于低类型消费者的最大支付意愿，即最优正常销售价格应该是 $p_2=v_L$ 。由于第二期购买的产品可以在正常销售期再销售，所以，相比于无退货的预售策略和退货不再销售的预售策略，第二期产品可得率会发生变化，即消费者第二期可以购买的产品数量由 $T-E\min(T,x)$ 增加到了 $T-E\min(T,x)\overline{\Psi}(r)$ ，即所有产能减去预定后保留产品的数量。而如果产能大于高类型消费者的预定数量，则第二期到达的只有低类型消费者数量。如果产能小于高类型消费者的预定数量，则在第二期购买的消费者除了所有低类型消费者，还包括在第一期未买到产品的剩余高类型消费者，所以，在第二期抵达购买的剩余消费者数量为 $1-E\min(T,x)$ 。

用 $\xi_{r2}$ 表示高类型消费者退回产品在正常销售期可再销售的第二期产品可得率，其中下脚标 $r2$ 表示退货可在第二期以正常销售价 $p_2$ 再销售。则第二期的产品可得率为：

$$\xi_2=\begin{cases}\dfrac{T-x\overline{\Psi}(r)}{1-x} & 0\le x<T\\[2ex] \dfrac{T\Psi(r)}{1-T} & T\le x\le 1\end{cases}$$

因此，第二期产品可得率的具体大小还需要根据高类型消费者数量与产能大小的相互关系，分不同情况计算。

1. 当高类型消费者实现的预定需求小于卖方产能时

只有当高类型消费者的数量低于卖方初始产能，即只有 $0\le x<T$ 时，等待到正常销售期的低类型消费者才有机会购买，否则，等待到第二期的消费者只有在预定的策略型消费者退货的情况下，才有机会购买。所以当 $0\le x<T$ 时，所有高类型消费者全部在第一期预定，由于退回的产品可以再销售，所以第二期可以购买的产品数量为 $\mathrm{T}-x\overline{\Psi}(r)$ ，即所有产能减去预定后保留的数量，而剩余低类型消费者的数量为 $1-x$ 。所以，低类型消费者在第二期可以购买的产品数量 $\mathrm{T}-x\overline{\Psi}(r)$ ，可能大于市场上剩余的低类型消费者需求 $1-x$ ，也可能小于等于剩余消费者需求 $1-x$ 。即第二期产品可得率还需要分如下两种不同情况

考虑：

（1）当第二期可销售的产品数量即剩余产能再加上退货量即 $T-x+x\Psi(r)$ 小于低类型消费者数量 $1-x$，则由 $T-x+x\Psi(r)<1-x$ 得 $x<\frac{1-T}{\Psi(r)}$，且当 $\frac{1-T}{\Psi(r)}<T$ 即 $\frac{1}{1+\Psi(r)}<T<1$ 时，消费者在第二期购买产品的可得率为 $\int_0^{\frac{1-T}{\Psi(r)}}\frac{T-x\overline{\Psi}(r)}{1-x}f(x)d_x$；当 $\frac{1-T}{\Psi(r)}>T$ 即 $0<T<\frac{1}{1+\Psi(r)}$ 时，消费者在第二期购买产品的可得率为 $\int_0^T\frac{T-x\overline{\Psi}(r)}{1-x}d_{F(x)}$。

（2）当第二期可销售的产品数量不小于低类型消费者的数量，即由 $T-x+x\Psi(r)\geq 1-x$ 得 $x\geq\frac{1-T}{\Psi(r)}$，且当 $\frac{1-T}{\Psi(r)}<T$ 时，第二期购买的产品可得率为 1。而当 $\frac{1-T}{\Psi(r)}>T$ 时，由于 $0\leq x<T$，所以不存在 $x\geq\frac{1-T}{\Psi(r)}$，即正常销售期的产品可得率不可能是 1。

所以，当 $0\leq x<T$ 时，消费者在第二期购买的产品可得率为：

$$\xi_{r2}=\begin{cases}\int_0^T\frac{T-x\overline{\Psi}(r)}{1-x}d_{F(x)} & T\in\left(0,\frac{1}{1+\Psi(r)}\right)\\ \int_0^{\frac{1-T}{\Psi(r)}}\frac{T-x\overline{\Psi}(r)}{1-x}d_{F(x)}+\int_{\frac{1-T}{\Psi(r)}}^T d_{F(x)} & T\in\left(\frac{1}{1+\Psi(r)},1\right)\end{cases}$$

2. 当高类型消费者实现的预定需求大于卖方产能时

此种情况下，所有产能全部被预定，而在正常销售期初，只有所有预定的策略型消费者可以拿到产品，等待到第二期的低估值类型消费者只有等到策略型消费者有退货时，低估值类型消费者才有机会购买。这与现实情况是不符合的，因为当高类型消费者预定需求超过卖方产能时，只会提高产品的预定价格，例如微软 Surface Book 于 2016 年 1 月 1 日零点整全渠道开启预定，各路“软粉”可以通过线上渠道比如京东商城、天猫电器城、苏宁易购、国美电器、顺电、美承以及此前已经开启预定的微软中国官网，线下渠道比如微软店中店和微软授权店，进行预定，微软官网预定的用户，官方显示消费者会在 1 月 15 日收到 Surface Book，并且一度预定一空。这种情况下，只有当预售产品存在质量问题时，才会出现退货情况。因此，为了与预售策略实施时的实际情况相符，本书只分析高类型消费者需求低于产能时的无缺陷退货预售策略。

在卖方提供预售退货可再销售策略时，只需考虑高类型消费者需求小于卖方产能的情况。用 $\xi_{r2}^{1}$ 表示产能 $0<T<\dfrac{1}{1+\Psi(r)}$ 时的第二期产品可得率，用 $\xi_{r2}^{2}$ 表示产能 $\dfrac{1}{1+\Psi(r)}\leq T<1$ 时的第二期产品可得率，则综合以上分析可得：

（1）当 $\underline{v}\leq r<G^{-1}\left(\dfrac{1-T}{T}\right)$ 时，第二期产品可得率为：

$$\xi_{r2}^{1}=\int_{0}^{T}\frac{T-x\overline{\Psi}(r)}{1-x}d_{F(x)}$$

（2）当 $\Psi^{-1}\left(\dfrac{1-T}{T}\right)\leq r\leq p_{rr1}$ 时，第二期产品可得率为：

$$\xi_{r2}^{2}=\int_{0}^{\frac{1-T}{\Psi(r)}}\frac{T-x\overline{\Psi}(r)}{1-x}d_{F(x)}+\int_{\frac{1-T}{\Psi(r)}}^{\mathrm{T}}d_{F(x)}$$

比较两个可得率公式可知，由于高类型消费者退回的产品可以在正常销售期再销售，提高了第二期购买产品的可得率，所以，$\xi_{r2}^{2}>\xi_{r2}^{1}$。而且，当卖方产能固定不变时，卖方提供的退款小于 $\Psi^{-1}\left(\dfrac{1-T}{T}\right)$，高类型消费者退货量比较少，退货可再销售策略才有可能提高卖方的利润。这与 Su（2009）研究得出退款必须小于等于退货残值，才能提高卖方利润的结论是类似的。

用 $R_{rr2}$ 表示当退回的无缺陷产品可在第二期正常再销售时的期望收益，其中 $rr_{2}$ 表示退货可在第二期再销售，则卖方在第二期的期望收益为：

$$R_{rr2}=v_{L}E\min\left\{\begin{matrix}E\max[(T-E\min(T,x)),0]+E\min(T,x)\Psi(r),\\(1-E\min(T,x))\end{matrix}\right\}$$

该收益计算式表明，第二期收益应该等于剩余产能加上退货量与在第二期购买的剩余消费者数量相比取最小值，再与第二期最优销售价格的乘积即为第二期所有销售收益。具体的第二期收益计算为：

（1）当 $\underline{v}\leq r<G^{-1}\left(\dfrac{1-T}{T}\right)$ 时，$R_{rr2}=v_{L}\int_{0}^{T}[T-x\overline{\Psi}(r)]f(x)d_{x}$。

（2）当 $\Psi^{-1}\left(\dfrac{1-T}{T}\right)\leq r\leq p_{rr1}$ 时

$$R_{rr2}=v_{L}\int_{0}^{\frac{1-T}{\Psi(r)}}[T-x\overline{\Psi}(r)]f(x)d_{x}+v_{L}\int_{\frac{1-T}{\Psi(r)}}^{\mathrm{T}}(1-x)f(x)d_{x}\text{。}$$

当卖方在有限产能情况下，提供正常期可再销售的预售退货保证机制时，策略型消费者在第一期购买的可得率不变，则其在第一期预定的效用为：

$$u_1=[E\max(v_h,r)-p_1]\xi_1=[v_h\overline{\Psi}(r)+r\Psi(r)-p_1]\left[F(T)+\int_T^1\frac{T}{x}f(x)d_x\right]。$$

高估值类型消费者等待到第二期购买的期望效用为：$u_2=[E(v_h)-v_L]\dfrac{\xi_{r2}}{\xi_1}$。

用 $p_{rr1}$ 表示当退回的无缺陷产品可在第二期正常再销售时的预定价格，其中 $rr$ 表示退货可在第二期再销售的退货策略，则卖方的最优预定价格为：

$$p_{rr1}=E\max(v_h,r)-[E(v_h)-v_L]\frac{\xi_{r2}}{\xi_1}$$

当产能在范围 $0<T<\dfrac{1}{1+\Psi(r)}$，退款小于 $\Psi^{-1}\left(\dfrac{1-T}{T}\right)$ 时，用 $p_{rr1}^1$ 表示此种情况下的预定价格，则卖方最优预定价格为：

$$p_{rr1}^1=E\max(v_h,r)-[E(v_h)-v_L]\frac{\xi_{r2}}{\xi_1}。$$

由此公式可以看出：在卖方产能有限且大于高类型消费者需求，提供正常期可再销售的预售退货保证策略时，由于消费者之间不存在高价再销售的投机行为，所以退货补偿只会增加策略型消费者的期望支付意愿，从而使卖方可以制定高于没有退货保证时的预定价格。

用 $\Pi_{rr}$ 表示卖方允许退回产品可在第二期正常再销售时的期望利润，下角标 $rr$ 表示退货可再销售，则当卖方提供在正常期可再销售的预售退货保证机制时，由于卖方对于退货产品要进行再包装、储存和配送等再处理，所以，卖方的总期望利润为：

$$\begin{aligned}\Pi_{rr}=&p_{rr1}E\min(T,x)-r\Psi(r)E\min(T,x)+v_LE\min\\&\{[T-\overline{\Psi}(r)E\min(T,x)],[1-E\min(T,x)]\}-\\&c_r\Psi(r)E\min(T,x)-cT\end{aligned}$$

整理可得：

$$\begin{aligned}\Pi_{rr}=&p_{rr1}E\min(T,x)+v_LE\max[T-E\min(T,x),0]-cT-c_r\Psi(r)E\min(T,x)\\&-[(r+c_r)\Psi(r)E\min(T,x)-v_LE\min[\Psi(r)E\min(T,x),(1-T)]]。\end{aligned}$$

## 三、退货不再销售的预售策略

退货不再销售的预售退货策略是指在第一期即预定期，卖方以销售价格 $p_1$ 预售产品，并向顾客提供无缺陷退货服务，即承诺顾客可以在不影响产品再次销售的情况下无条件退回产品，同时向消费者提供退款 $r$。没有卖掉的产品在季末残值为零。单位产品成本为 $c$，且 $c<v_L<\underline{v}$.。由于卖方的生产提前期比较

长，所以在销售期卖方没有再生产补货的机会。

根据后向推导法，当卖方提供高类型消费者在第二期退回的产品不能在第二期再正常销售的退货策略时，只有低类型消费者会等待到第二期购买。所以，如果预定需求超过卖方的产能，即 $x \geq T$ 时，卖方第二期的销售收益和无退货的预售策略时一样，都是零。卖方提供退货不再销售的预售策略时，第二期产品可得率也和无退货时的预售策略一样。

当所有产能在满足高类型消费者的预定需求以后，如果还有产能剩余，即 $x < T$ 时，为了使所有低类型消费者在第二期购买，只要第二期价格不大于低类型消费者的估值，他们才会在正常销售期购买，即卖方制定的最优第二期价格应该为 $p_2 = v_L$ 。由于低类型消费者在第二期购买的产品不能退货退款，而且高类型消费者退回的产品也不能在第二期正常再销售，所以第二期的产品可得率与没有退货策略的第二期产品可得率相同，仍然为 $\xi_2$。因此，当第一期的预定量小于卖方产能，即 $x < T$ 时，来自于低类型消费者的销售收益也和无退货策略的预售策略相同，仍然为 $v_L(T-x)$ 。

综上所述，当卖方提供退货不再销售的预售退货策略时，在第二期获得的期望收益和无退货的预售策略相同。

与没有退货策略不同的是，当卖方允许高类型消费者在正常销售期退回预定产品时，由于高类型消费者在正常销售期即第二期拿到产品之后，才明确产品的实际价值。如果产品实际价值不大于退款即 $v_h \leq r$ 的消费者会提出退货申请，但退回产品不能在第二期正常销售；如果高类型消费者对产品的事后实际价值高于退款即 $v_h > r$ 时，则保留产品。因此，高类型消费者预定时的效用由两部分组成，让 $p_{r1}$ 表示卖方的最优预定价格，下脚标 $r$ 表示退货，则高类型消费者预定时的效用中一部分来自实际价值高于退款时的部分效用 $(v_h - p_{r1})\overline{\Psi}(r)$ ，还有一部分来自于实际价值低于退款时的部分效用 $(r - p_{r1})\Psi(r)$ 。对于策略型高类型消费者而言，当卖方提供退货策略时，由于不存在产品不匹配或者产品实际价值低于预定价格使得消费者效用小于零的风险，而如果等待到第二期购买还要面临产品不可得的风险，所以，只要第一期预定效用等于等待到第二期购买的效应，所有高类型消费者都会选择在第一期预定。

因为退货退款策略作为一种预售保证机制，向所有高类型消费者传递了可信的高质量产品信号，所以，当卖方提供退货策略时，无论退货是否可以再销售，都可以使高类型消费者的最大支付意愿上升到 $E\max(v_h, r)$ ，则高类型消费者在第一期预定的效用为：

$$u_1 = [E\max(v_h, r) - p_{r1}]\left[F(T) + \int_T^1 \frac{T}{x} f(x) d_x\right]$$

由于退回的预定产品不能在第二期再销售，故高类型消费者等待到第二期购买的期望效用和无退货预售策略时相同，仍然是 $u_2 = [E(v_h) - v_L]\xi_2$。当卖方提供退货不再正常销售的预售退货策略时，卖方应该制定的最优预定价格就是：

$$p_{r1} = E\max(v_h, r) - [E(v_h) - v_L]\frac{\xi_2}{\xi_1} \tag{5.2}$$

对比 $p_1$ 和 $p_{r1}$ 可知：当卖方提供预售退货保证时，虽然产生了更高比例的退货，但由于卖方不再销售这些产品，消费者之间也不存在高价再销售的投机行为，没有改变第二期产品可得率，很明显，由于高类型消费者的最大支付意愿上升，所以，退货不再销售的预售策略的最优预定价格肯定大于无退货预售策略时的最优预定价格。

让 $R_{rn}$ 表示消费者可以退货但不能再销售时的第二期收益，下角标 $rn$ 表示退货不能再销售，则卖方在第二期的正常销售收益为：

$$R_{rn} = \begin{cases} p_{r1}x - r\Psi(r)x + v_L(T - x) & 0 \le x < T \\ p_{r1}T - r\Psi(r)T & T \le x \le 1 \end{cases}$$

同样，让 $\Pi_{rn}$ 表示高类型消费者可以退货但不能再销售时的总期望利润，下角标 $rn$ 表示退货不能再销售，则卖方提供退货不再正常销售的预售策略时的期望总利润为：

$$\begin{aligned}\Pi_{rn} &= p_{r1}\left(\int_T^1 Tf(x)d_x + \int_0^T xf(x)d_x\right) - r\Psi(r) \\ &\quad \left(\int_T^1 Tf(x)d_x + \int_0^T xf(x)d_x\right) + v_L\int_0^T (T - x)f(x)d_x - cT \\ &= p_{r1}E\min(T, x) + v_L E\max[(T - E\min(T, x)), 0] - cT \\ &\quad - rE\min(T, x)\Psi(r)\ 。\end{aligned}$$

由于 $\Pi_{rn} - \Pi_{nr} = (p_{r1} - p_1 - r\Psi(r))E\min(T, x) = (v_h\overline{\Psi}(r) - E(v_h))$ $E\min(T, x) \le 0$，而且 $v_h\overline{\Psi}(r) - E(v_h) \le 0$，所以与没有退货策略的卖方期望利润相比，很明显 $\Pi_{rn} < \Pi_{nr}$ 即卖方提供退货不再销售的预售策略时的期望利润小于无退货预售策略的期望利润。所以，无论产能相比于高类型消费者需求的大小关系如何，卖方提供不再销售的预售退货保证策略对卖方总是不利的。

则不提供退货的预售策略产生的总期望利润与卖方提供退货可再销售的预

售策略的总期望利润之差为：

$\Pi_{rr}-\Pi_{nr}=[p_{rr1}-r\Psi(r)-c_r\Psi(r)-p_1]E\min(T,x)+v_LE\min[E\min(T,x)\Psi(r),(1-T)]$ 用 $c_r^{\Delta}$ 表示卖方退货再处理成本的临街值，则由上面的利润差计算式可知，当 $\Pi_{rr}-\Pi_{nr}\geq 0$ 时，退货再处理成本为：

$$c_r^{\Delta}=\frac{[p_{rr1}-r\Psi(r)-p_1]E\min(T,x)++v_LE\min[E\min(T,x)\Psi(r),(1-T)]}{E\min(T,x)\Psi(r)}$$

即当 $c_r^{\Delta}>c_r$ 时，卖方提供退货可再销售的预售策略优于不提供退货时的预售策略。

由此可知：当产能更多，卖方提供更慷慨大方的退款时，卖方为了获取更高的期望利润，就必须提高物流管理水平，降低再包装、储存和配送等再处理成本。否则，就只预售不提供退货策略。这在实践中也经常可以看到，卖方预售时，明确不提供退货服务。

## 第三节　不同预售退货策略算例比较分析

### 一、三种预售退货策略的结果比较

下面将通过数值模拟分析在卖方采用不提供退货的预售策略、退货不再销售的预售退货策略和退货可以在第二期正常再销售的预售退货策略时，卖方预定价格和期望利润的大小及变化，然后再分析退货补偿和再处理成本的各种组合对卖方最优预定价格和期望利润的影响。基本参数设置如下：$c=0.1$，$v_L=0.19$，高类型消费者在第二期对产品的实际价值 $v_h$ 服从[0.2,4.0]之间的均匀分布。

#### （一）预定需求和产能对不提供退货预售策略的影响

由于最优预定价格和卖方总利润不仅和高类型消费者预定需求的实现 $x$ 有关，还和产能 $T$ 有关。所以，图 5.1 显示了当卖方采用预售无退货策略时，高类型消费者实现的预定需求量 $x$ 和不同产能（$T=0.7,0.8,0.9$）组合对卖方最优预定价格的影响。

由图 5.1 可知，①当卖方产能有限，且高类型消费者需求小于产能时，预定价格随着产能的减小而递增（见图 5.1(a)），而卖方的期望利润随着产能的增加而降低，这是因为产能越小，第二期产品可得率越低，所以卖方可以选择更高的预定价格，因而期望利润也越大；②当高类型消费者需求大于产能时，相当于卖方只预售，预定价格和产能无关，只和高类型消费者对产品实际价值的分布有

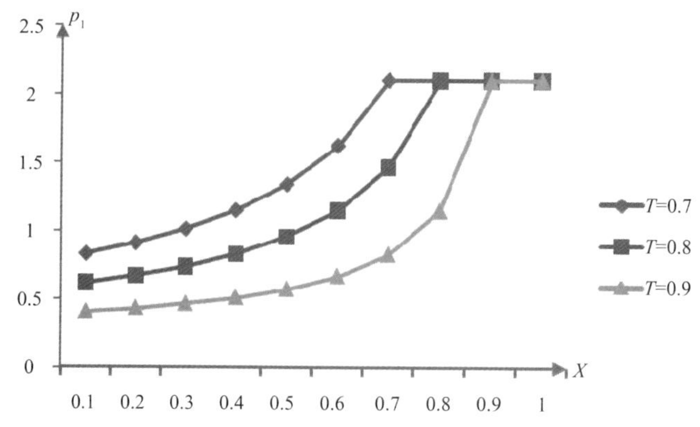


**图 5.1(a) 预定需求和产能对最优预定价格的影响**

关,所以,预定价格都是一样的,而卖方的期望利润随着产能的增加而增加(见图 5.1(b))。

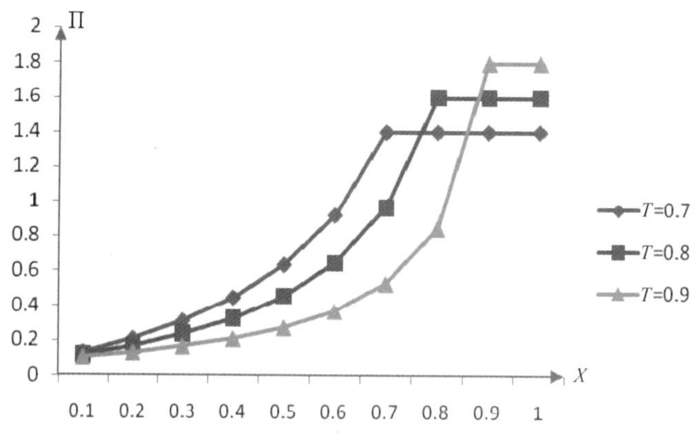


**图 5.1(b) 预定需求和产能对卖方期望利润的影响**

因此,当卖方产能有限且小于高类型消费者预定需求时,卖方产能越小,采用不提供退货的预售策略对卖方更有利,因为产能的稀缺性可以让卖方制定更高的预定价格。例如现实中同是快时尚代名词的西班牙服装品牌 Zara,采用的就是在产能有限情况下,选择更高价格销售策略,给其带来了高于同行美国品牌 Gap 的收益。

(二)预定需求和退款金额对退货不再销售预售策略的影响

设定产能 $T=0.8$,当卖方采用预售退货保证机制时,无论退货是否可再销售,最优预定价格和期望利润不仅和高类型消费者预定需求的实现有关,还和退款金额相关。

图 5.2a 和图 5.2b 显示了当卖方采用退货不再销售的预售退货保证机制时，考虑了在产能分别小于和大于高类型消费者预定需求两种不同情况下，高类型需求量的实现 $x$ 和退款金额 $r$ 的不同组合对卖方最优预定价格和期望利润的影响。由图 5.2 可以非常直观地看出：当卖方采用退货不再销售的预售策略时，无论产能是否大于高类型消费者需求，当产能固定时，①预定价格随着退款递增，且高于没有退货策略时的预定价格，这是因为卖方提供退货策略时，向消费者传达了高质量信号，提高了高类型消费者的最大支付意愿；②根据图 5.2 中的数据模拟结果可知，高类型消费者数量越少，退款对预定价格影响越大（见图 5.2(a)）；③虽然卖方提供退货退款策略，可以提高卖方的预定价格，但是退款越高，退货量也越大，所以卖方的期望总利润是随着退款递减的，且小于无退货策略时的期望利润（见图 5.2(b)）。

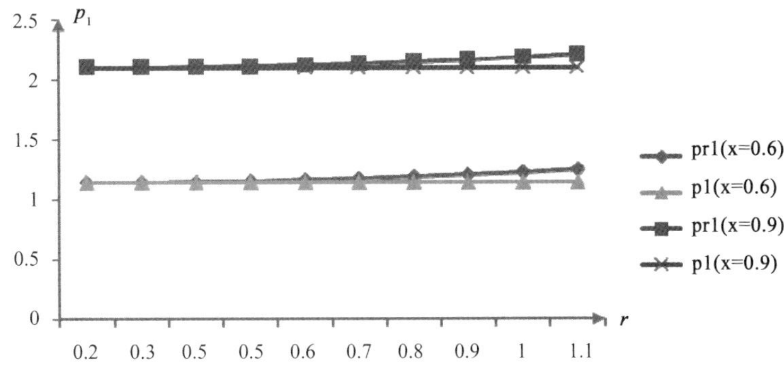


**图 5.2(a)**　预定需求和退款金额对最优预定价格的影响

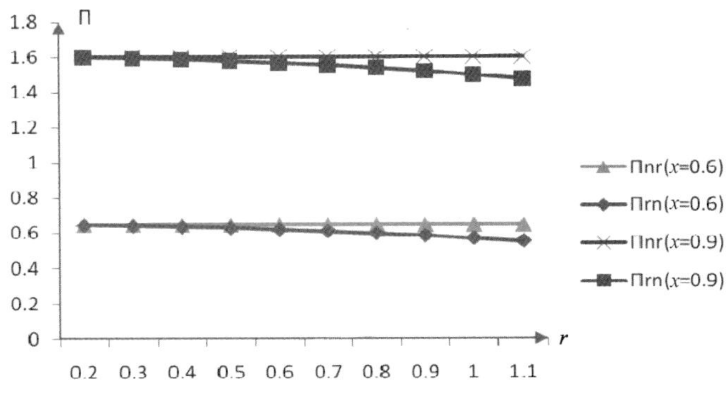


**图 5.2(b)**　预定需求和退款金额对卖方总利润的影响

因此，在产能有限条件下，无论产能是否大于高类型消费者需求，卖方都不适合采用退货不再销售的预售策略。

### 二、结论

本书考虑的退货产品可在正常销售期以正常销售价格销售，相当于杨光勇和计国君(2014)论文中研究的退货可再折价销售情况，与杨光勇和计国君(2014)基本设置相同之处在于都考虑了高类型消费者策略型等待购买行为，高类型消费者数量都有限。模型的基本设置不同之处在于本书假设市场总规模和低类型消费者数量均有限，而杨光勇和计国君(2014)假设低类型消费者无限，并分析得出退货可再折价销售策略会降低卖方的利润，卖方不能采用该退货策略。而本书经过数值模拟分析得出，只要高类型消费者需求数量小于一半产能，提供的退款不太高时，相比于不提供退货的预售策略可以提高卖方的利润。

## 第四节　苹果手机不同预售退货策略分析

这一节内容主要根据对苹果公司在中国的授权经销商——宁波顶峰电子的调研访谈，全面了解苹果智能手机在发布上市之前，如何确定预售价格，以及如何根据预定量确定产品上市发布之后的价格和最优订货量，根据前面构建的预售退货保证策略理论模型，代入调研所得的企业具体相关数据，分析预售退货保证策略对苹果智能手机运营绩效的影响，并有针对性地提出相应策略建议。

### 一、苹果智能手机在中国销售概况

目前苹果手机在中国的销售渠道主要有三个，一是苹果公司官网；二是苹果公司授权的线下授权经销商和线上授权经销商，其中在全国的线下授权经销商较多，就不一一介绍了，线上授权经销商包括国美在线、京东、亚马逊中国、五星享购、顺电网上商城、山姆会员网上商店，苏宁易购及获取授权销售的当当网共8家；三是众多较小的非授权经销商，如仅在国美在线，目前就拥有300余家苹果官方授权的“店中店”，是目前中国大陆地区拥有苹果“店中店”数量最多的连锁零售商。

苹果公司推出新款手机时，顾客都是通过苹果公司官网预定，这包括一些非正式授权的经销商，会在预售期开始和普通顾客一起抢订，但是因为实力规模较小，受流动资金所限，预定量不是很多。各个线上或线下授权经销商的预定量，一般是苹果公司根据各个经销商的历史销售业绩和规模等因素，结合产能确定各个经销商的大概产能分配，然后再根据经销商所在销售区域的具体预定量确定配送商品数量。预售期结束后，在产品正式发布之前一周，苹果公司授权的经销商就可以拿到产品了，但是不能私自销售发布，必须等到苹果公司在预售前公布的发布上市日期发售，而且在前一周必须首先保证预定顾客率先拿到产品。有个别大的授权经销商会一次从苹果公司订购 200 多万台，然后再加价批发给各非授权经销商，流通到上海、北京等全国各地非授权经销商，非授权经销商再加价销售给最终顾客。例如苹果的 iPhone 5S 预售价格是 5 288 元，授权经销商由苹果公司直接配货，而且进货批发价为 4 800 元，然后再加价销售给非授权经销商，最终面向终端顾客的销售价格和非授权经销商一样可能都是 6 000 多元。

在整个销售过程中，其中也有一些批发商即所谓的“黄牛”，这些批发商也是非授权经销商，也有两种订货渠道，一个是通过苹果官网和消费者一起抢订，一个是从授权经销商处加价批量进货，再加价批发给小的非授权经销商，最后一个环节的实力较小的非授权经销商，一般会每部手机再加价 100～300 元金额不等售出。除了苹果公司会在产品刚刚发布上市时，保持和预售价相同价格销售以外，其他授权经销商和非授权经销商均以高于预售价格且相同的市场价格卖给终端顾客，由于苹果公司产能有限，而且销量较好，一些直接到苹果公司直销店购买的顾客，至少要提前一周预定还未必能拿到货。所以，在产品正式发布上市后，每个消费者基本都是通过授权或非授权经销商购买。

关于市场上出现的低价买进再高价卖出的“黄牛”即投机者(Speculator)的情况，已有文献进行了相关研究。如 Lim & Tang(2013)研究一个垄断卖方预售产品的定价策略，市场由短视消费者、前瞻性消费者和投机者三类组成，其中投机消费者不会消费产品，但会在短期内快速高价卖给其他消费者。而本书把消费者分为高类型的策略型消费者和低类型惰性消费者两类，没有考虑市场上投机者所占比例和投机行为对卖方预售定价策略的影响，但可以在本书的研究基础上，作为以后的研究方向进一步深入研究。

### (一) 苹果智能手机预售概况

苹果自发布第三代智能手机 iPhone 3GS 开始采取预售策略。在国外市场预售 iPhone 3GS 时，为了吸引消费者预定，向预定消费者保证产品发布时可以拿到产品，而且承诺如果产品正式发布上市后 14 天内降价，就退还给预定顾客差价的价格保证机制(Keizer，2009)。2013 年 9 月 11 日，苹果公司在北京举行首次中国发布会，几乎与美国同步预售 iPhone 5S 和 5C 两款新手机，两款新机也于9月20日在中国内地与美国、澳大利亚、日本等地首次全球同步上市。自9月11日起，中国的消费者就可以通过苹果官网预定这两款新手机了，9月20日产品发布时就可以保证拿到产品。但是因为Touch ID技术和摄像头镜组的问题而产能低下，苹果在线商店将面向高端市场的三种颜色的iPhone 5S的发货时间都调整到了2013年的10月份，同时，面向中端市场的iPhone 5C则已经可以自9月20日开始在24小时之内发货了。16G的iPhone 5S官网预售价格是5 288元，16G的iPhone 5C官网预售价格是4 488元，苹果公司承诺产品发布时销售价格与预售价相同。但自iPhone 5S发布之后，市场上的产品销售价格一直高于官方预售价格，而iPhone 5C自发布上市后一个月价格就开始下降了千元左右。

（二）苹果公司退货策略

苹果公司承诺在15天之内如果出现质量问题，可以原价退回，或者没有质量问题但未拆开包装的也可以在15天之内原价退回。在365天之内，如果有大的质量问题就原价退货，小的质量问题只维修不退货，由于苹果公司只销售，所以退货都是由苹果公司的售后服务维修店负责处理。无论消费者是从苹果公司、授权经销商或非授权经销商处购买的，只要购买的是正品行货，都可以接受苹果公司承诺的一切售后服务。

## 二、苹果智能手机预售退货保证策略分析

本书选取苹果公司的某一个授权经销商为例，以该苹果授权经销商的某一型号智能手机(后面以“iPhone”代替)的相关预售数据进行实证分析，即分析该型号手机的预售退货情况，检验前面构建的预售退货策略理论模型的理论研究结果，并进行适当补充和修正。

例如iPhone智能手机预售价是5 288元，从公司获得iPhone手机的批发进货价是4 800元，产品正式发布前的7天预售期内的预定量是1.12万部，产品正式发布后正常销售期内的需求量是2万部，正常销售期价格是4 788元，苹果公司根据该授权经销商的历史销售数据和实力等情况，配货量相当于产能是2.49万部，生产成本是3 000元。

苹果手机由于从原材料采购到零配件的生产，乃至最终产成品的组装，都会严格监管产品质量，所以根据对授权经销商预售苹果智能手机的相关数据资料可知苹果的退货率只有1%左右，相当于产品合格率在99%左右。由于退货量较小，所以苹果针对15天内未拆封或者存在质量问题的手机，都提供全额退款，

未拆封的手机将以预售价再销售，而存在质量问题的手机会经过苹果公司的生产供应商进行官方翻新再降价销售。无论顾客通过哪个渠道购买，只要购买到的都是正品行货，所有退换货全部由苹果公司的售后维修部处理，所以本书把面向终端消费者的所有上游全部看作一个整体都是卖方，苹果公司手机的生产成本，就是卖方的生产成本。

假设苹果手机预售面向的只是忠实的"果粉"市场，则仍为垄断市场，市场中所有"果粉"按照对产品估值大小不同，被分为高低两种类型消费者。根据前面预售退货理论模型，代入调研所得苹果 iPhone 智能手机相关数据计算可得，只预售不提供退货策略时的卖方总利润是 5 030 万元。当考虑该 iPhone 手机在不同区域预售量和正常销售量发生变化时，从图 5.3 可以非常直观地看到卖方利润随预定量递增直到预定量等于产能时的期望利润。

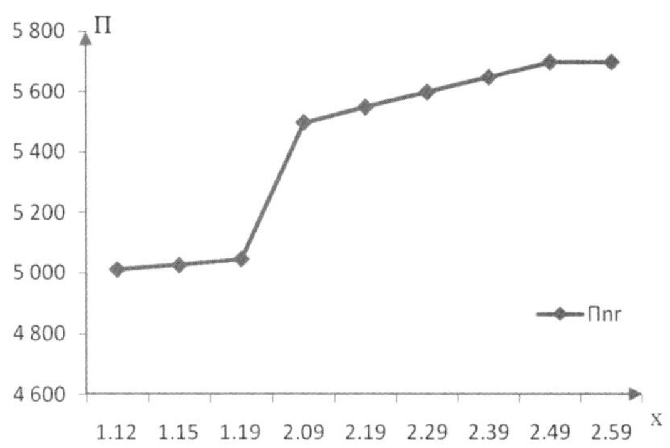


**图 5.3 预定需求对苹果手机预售利润的影响**

由于苹果公司针对预定顾客未拆封产品提供原价退货服务，而且再以预售价卖出，所以该退货策略下的利润相当于不提供退货的预售策略。而在预定顾客拿到产品 15 天之内，只要产品存在质量问题，无论质量问题大小，苹果公司均提供全价退款服务，退回的产品一般会通过苹果官方翻新以后再折价销售。所谓苹果官方翻新机是指通过苹果官方测试与认证的、更换了全新产品外壳与电池、通过正规渠道的回收再利用机型。例如预售价是 5 288 元的机型，官方翻新机价格在 2 099 元至 3 500 元之间。

根据图 5.4 中不同存在质量问题的退货再处理成本和再销售价格不同组合对卖方利润的影响可知，预售期高类型消费者预定需求保持在 1.12 万部不变，由于苹果手机质量监管比较严格，即使在中国富士康最后组装成品环节，该公司运营总监库克也会亲自带领技术人员进行指导监控，所以因质量问题退回的产品保持在1%左右，无论再销售价格大于生产成本的 3 500 元，或者是低于生产成本的 2 099 元时，当翻新机再处理成本小于一半生产成本时，平均每部苹果手机的利润最差仍然有 1 991.81 元，相当于苹果手机的利润率最低为 49.8%，还是远远高于 2015 年平均每部国产手机只有 100 元的利润，即国产手机行业平均只有 3%～5%的利润率。

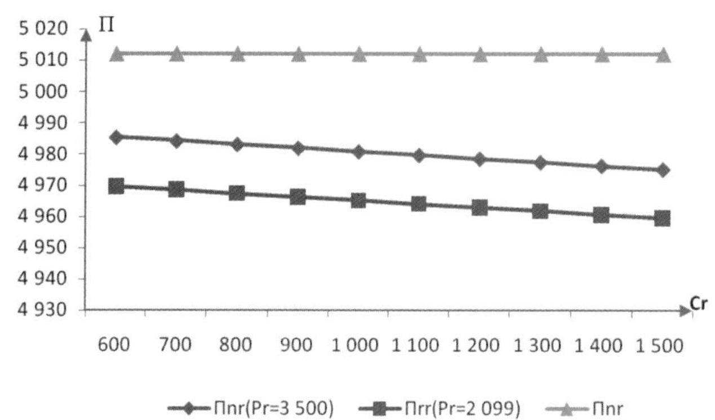


图 5.4 不同翻新成本和再销售价格组合对苹果手机预售利润的影响

由此可见，产品质量对于卖方预售退货策略的实施至关重要。关于考虑产品质量对卖方预售策略实施结果的影响，目前也已经有相关文献研究，如 Yu (2016)假设产品质量是卖方拥有的私人信息，提前预定的消费者不了解具体的真实产品质量信息，只有产品在现场正式发布以后，才能了解产品的真实质量并确定自己对产品的实际价值。本书主要考虑卖方是否需要在预售期采取一些策略提供相关产品质量信息，如果需要的话，卖方应该如何传递一个让消费者可信的产品质量信号。但本书没有考虑产品质量信息对预售退货策略的影响，理论上构建的基本退货模型主要研究的是预售策略实施过程中的无缺陷退货问题。因此，有关产品质量信息发布和预售退货保证机制相结合，以及卖方因质量提供全额退款并再处理折价销售的情况，也可以作为以后进一步研究的一个方向。

当然，影响消费者在预售过程中出现退货行为的，除了产品质量，还有其他一些行为因素，主要包括前面文献梳理过程中提到的顾客差价退货行为，即顾客在预定或购买产品后发现有其他同类或其他替代性产品性价比更高或者价格更低时，也会出现无缺陷退货；还有连带退货行为(Su，2009)，即消费者根据网络上已购买或已使用的其他消费者或亲戚、朋友、家人的使用心得和评论，影响消费者对产品的实际价值认知，这样也会产生无缺陷退货。这两类无缺陷退货行为也都是因为其他因素影响了消费者对产品的实际价值发生变化而产生的，因此，也可以作为今后深入研究的方向。

## 本章小结

本章在基本模型设置中假设产能有限，市场总规模为1，消费者也分为高类型和低类型消费者两种，而且两种消费者数量是有限且相关的，高类型消费者都是策略型的，低类型消费者都是惰性的，在此情况下分析卖方产能、高类型消费者需求数量、退款金额和再处理成本，对卖方采用的不提供退货、退货可再销售和退货不再销售三种不同预售策略时期望利润的影响。而且通过数值模拟算例分析和实证分析结果可知：当高类型需求数量小于卖方的一半产能时，只要卖方的再处理成本小于生产成本，不提供过于慷慨的退款策略，这种策略是优于不提供退货的预售策略，即此种情况下适合采用退款金额较小的退货可再销售的预售策略。而当高类型消费者需求超过卖方一半产能，尤其是高类型消费者预定需求大于卖方所有产能时，哪怕不存在退货再处理成本，卖方提供退货可再销售的预售策略也会损伤卖方的期望总利润。所以，此时卖方不需要提供任何退货的预售策略，只需要实施不提供退货的预售策略就能够最大化卖方的期望总利润。当高类型消费者需求超过卖方产能一半时，由于高类型消费者需求较大时，退货策略虽然能提高预定价格和第一期预售收益，但是更多的退货量带来的损失抵消了卖方第一期收益的提高和退货再销售产生的收益，所以，此种情况下，卖方更适合采用不提供退货的预售策略。

在案例研究验证理论研究结论方面，由于本书选取的苹果手机品控管理严格，质量较好，所以退货率比较低，仅为1%左右。所以，通过实证验算结果可知，即使苹果手机的再处理成本提高到生产成本的三分之一，这种回收翻新再降价销售的策略仍然会使苹果手机保持远远高于国产手机的平均利润率水平。所以，采取这种全额退款再官方翻新降价销售的策略除了质量因素以外，还受很多其他因素的影响，包括手机品牌等，具体需要考虑哪些影响因素，以及如何制定恰当的退货官方翻新再降价销售策略，可以作为本书未来研究的拓展和深入。

# 第六章
# 基于顾客策略型行为的预售策略建议

21 世纪以来，在市场全球化大潮的冲击下，人类的经济生活全面进入了数字与网络时代，企业所面临的竞争日趋激烈。随着“互联网＋”产业的快速发展，产品更新换代速度加快，销售周期却越来越短，不同经济实体纷纷通过移动互联平台，在产品正式生产或者正式发布上市之前，向消费者提供各种有形产品或无形服务的预售，一些第三方的电商平台也开始采用预售模式，如淘宝天猫、一号店、亚马逊、京东商城和苏宁易购等。虽然各种预售模式已经很普遍，但是具体实施千差万别，如淘宝上的卖家为消费者提供有条件预售，包括先购买后生产、新品限量特供、人群特供等不同预售模式。有些企业为了刺激消费者尽可能早地提前购买，在实施预售策略的同时还采用了不同预售定价策略、价格承诺、价格保证或者退货保证策略。但不同预售保证策略的实施都需要考虑具体的一些影响因素和实施的条件，只有选择合适的预售策略，才能权衡利弊，在扩大市场规模的同时，提高市场竞争力和企业运营效率。因此，本章基于消费者行为和理性预期均衡理论，提出能够提高卖方利润的预售定价和价格保证策略建议，同时，针对消费者在正常销售期拿到产品后可能出现的退货问题，提出不同预售退货策略实施的建议。

## 第一节　基于顾客策略型行为的预售定价策略建议

通过合理定价来引导需求是企业获取竞争优势的重要手段，预售策略中采用的动态定价作为一种常见的定价策略，能有效提高企业运营效率和市场竞争力，越来越受到零售业和文化传媒业等服务行业、生产手机和家具等的制造行业及淘宝天猫、京东商城和苏宁电器等电商平台的青睐。因此，卖方实施预售策略时,如何制定合理的预售期和正常销售期价格就变得格外重要,主要预售定价策略包括以下几点。

## 一、预售期价格确定

预售定价策略受卖方产能或订货量(库存)、不同类型消费者的数量、消费者对产品的估值等因素的影响,卖方在实施预售策略时,可以采用预售价高于正常销售期价格的溢价预售、预售价等于正常价格的同价预售,或者预售价格低于正常价格的折扣价预售三种预售定价策略。

### (一) 溢价预售策略

一般溢价预售比较适合于卖方产能或订货量有限,且在销售期不能补货的情况,溢价预售策略实施的前提条件是高类型消费者数量较多,而低类型消费者数量较少,而且高类型消费者中除了策略型消费者,还有一部分是短视型(Myopic)消费者,即这类消费者对价格不敏感,也不关心价格是否会降低,不会提出退差价要求,只关注是否能够第一时间拿到产品,如果消费者等待到正常销售期很可能买不到产品。所以,溢价预售主要是针对短视型即对价格不敏感的消费者。

### (二) 同价预售策略

还有很多产品如智能手机和汽车等科技产品会采取同价预售策略,即预售价格和正常销售期产品刚开始发布上市时的价格是相同的,这类产品一般也是在产能比较有限时适合采用的,不需要限定预售量,而且高类型消费者需求越多越好。由于产能有限,所以,高类型消费者如果等待到第二期会面临缺货的风险,而提前预定的条件就是保证产品发布时率先可得。如小米和苹果手机在每次新产品预售时的价格都是和正常销售期价格相同的。当然,如果高类型消费者需求即预定量较低时,卖方会在正常销售期开始不久就会降低产品售价。如iPhone 5C由于预售需求较低,导致该产品发布上市不久,销售价格就大幅下跌。所以,同价预售策略比较适合产能有限且高类型消费者预定需求较高的情况。

### (三) 折扣价预售策略

有些产品在产能固定时为了吸引消费者提前预定,会采取折扣价预售策略,但是采取折扣价预售时,一般会限定预售量,如某一航班的飞机票、酒店客房、景区门票等都会采取折扣价预售策略,这类采取折扣价预售策略的产品有一个共同点就是都具有易逝性(Perishable),即都是易逝品。对于易逝品的预定,预定时间越早，消费者的效用更能最大化。例如，如果参加会议的人员越早预定，获得的折扣率也会越高。折扣价预售策略的成功实施还需要考虑到不同类型消费者所占的比例，如飞机票的折扣预售，需要对价格敏感而对时间不敏感的休闲类消费者所占比例较高时，才能成功实施，一般对价格不敏感而对时间更敏感的商务旅行者会在接近飞机起飞时间再购买，此时，卖方可以采用全价销售，无需打折。

### 二、重视消费者估值的变化

预售动态定价策略实施的首要条件就是消费者对产品的估值存在不确定性，大量文献都考虑了消费者估值的变化，但是一般都是研究高类型消费者估值会随着时间下降，鲜有研究低类型消费者估值会根据预定量发生变化的情况（见 Tian & Wang，2016）。如果不考虑低类型消费者估值的变化，只考虑策略型高类型消费者估值会随着时间而下降时，卖方会采用溢价预售策略，即正常销售期价格肯定是小于预售期价格的（见 LZ13）。但是如果考虑到低类型消费者估值会根据预定量进行调整，甚至调整到等于高类型消费者的估值时，卖方就可以采用同价预售策略。而且，一般情况下都是高类型消费者数量小于低类型消费者数量，因此，如果能够考虑到低类型消费者估值随着预售量发生的变化，无论高类型消费者需求数量是低或者高时，都会大幅提高卖方的利润，对企业是极其有利的。

根据理论研究结果，在考虑顾客策略型等待行为和低类型消费者估值会随预定量发生变化时，卖方实施预售策略的绩效总是优于无预售策略。因此，只要有条件可以降低甚至零成本地通过网络实施预售策略，卖方都要尽可能地采用预售动态定价策略，才能进一步提高企业收益。

## 第二节　基于顾客策略型行为的预售价格保证策略建议

根据学术研究结果及实践界中的实际情况，为了诱使高类型消费者能够全部尽可能早地在预售期购买，仅仅实施预售动态定价策略还不能使卖方收益实现最大化，尤其是互联网的普及、网上专家对新产品的评论以及销售商频繁降价促销训练了顾客的策略型等待行为，加剧了产品供需之间的不匹配性。因此，卖方为了提高市场竞争力和运营效率，在采用预售策略时还需要采用恰当的价格保证机制，具体建议包括以下几点。

## 一、退还差价保证策略

随着电子商务和移动互联网的快速发展,越来越多的商家在预售时会采用价格保证机制。卖方在实施预售策略时,能够同时提供价格保证机制,主要是基于同类型消费者在同一销售时期都是同质的,即所有高类型消费者在预售期和正常销售期对产品的估值保持不变,或者随时间降低但都是相同的,所有低类型消费者在正常销售期的估值不管是否随着预定量如何调整变化,每一个个体消费者对产品的估值都是相同的,即都是同质的,所以无论消费者对产品的估值同增、同减或者保持不变都是属于同质消费者,没有考虑消费者估值的异质性,即没有考虑每一个个体消费者对预售产品或服务估值的差异。

退还差价的价格保证机制一般适合卖方采用溢价或同价预售策略的情况,提供退还差价的价格保证机制的目的就是为了提高卖方价格策略的可信度,消除高类型消费者的策略型等待行为,诱使高类型消费者尽快做出提前购买决策,保证消费者即使提前预定,也能获得最低价。如苹果手机在采用同价预售策略时,向消费者保证如果产品正式发布后两周内降价,就退还差价。如果是在竞争环境下,卖方还会向消费者保证低于同行价格,如一号店和沃尔玛超市向消费者保证低于同行价格,甚至敢于与网上最低价格比价。如果消费者发现高于任一同行或者网上价格,就可以马上申请退还差价,极大地刺激了消费者立刻做出购买决策,不再等待或者到其他竞争者那里去购买。

## 二、考虑低类型消费者估值变化的价格保证策略

当卖方考虑低类型消费者估值会随着预定量发生变化时,卖方既可以提供退款不变的价格保证机制,也可以提供退款可变的价格保证机制。

当卖方提供退款不变的价格保证机制,而且所有高类型消费者都是策略型消费者时,就会提出退还差价申请,所以,卖方的退款成本也是不变的,此时存在一个临界值使得退款成本等于卖方第二期正常销售获得的利润。当预定量低于该临界值时,卖方才适合采用退款不变的预售价格保证机制。当低类型消费者估值随着预定量调整时,卖方也可以采用退款可变的价格保证机制,即退款金额也会随着实际预定量的大小发生变化。

由于卖方的预定量是在预售期结束后才确定的,因此,无论高类型消费者需求量多或者少,提前需求信息对于卖方总是有利的,此时,卖方提供退款不变或者退款可变的价格保证机制都有利于提高卖方的利润。

## 第三节 基于顾客策略型行为的预售退货策略建议

虽然预售退货保证策略可以提升顾客对产品的期望支付意愿(或最大支付意愿),鼓励更多高类型消费者尽快购买产品,但反过来也产生了大量退货。尤其是随着移动互联网的普及,顾客无条件退货行为越来越普遍。因此,如何制定有效的退货策略,以减少由于退货带来的损失,就成为广大销售商必须面对和解决的核心问题。结合消费者策略型行为和预售退货保证策略理论研究的结论,提出以下建议。

### 一、提高产品质量

当卖方采用预售策略时,由于消费者在预售期结束前接触不到实体商品,只有在正常销售期产品正式发布后,才能拿到产品,确定自己对产品的实际价值。如果产品的实际价值与消费者对产品预期存在差异,而且消费者的实际价值低于卖方提供的退款,消费者就会提出退货退款申请。虽然消费者对产品的实际价值还受到不同个体消费者拿到产品时的心情、其他顾客的评价、预售时的冲动预定、产品与消费者需求是否匹配等因素的影响,但是产生退货的最主要原因还是产品的质量与消费者心理预期存在差异。如 2015 年“双十一”预售结束后的一周内产生了高达 64%的退货率,远远高于 2013 年“双十一”结束后 25%的退货率,主要原因就是产品质量与消费者购买时的预期存在差异而产生的。再如 2015 年 9 月,苹果的 iPhone 6S 预售和正式发布上市之后的开售都异常火爆,开售的第一周销售就达到 1 300 万台,但是消费者拿到产品之后,发现分别采用三星和台积电的代工厂制造的 A9 芯片,在效能、电力续航表现有差异,引发大量港台果粉不满要求退货,对苹果的品牌影响力和销售走势及销售收益产生不利影响,导致股价下跌 7%。因此,通过了解消费者需求,提高产品质量,提高消费者对产品的实际价值或最大支付意愿,降低退货率尤为重要。

### 二、提高预定需求预测准确度

由于智能手机和汽车等产品的生产周期较长,而每一款新产品的最佳销售期却越来越短,即使某一款新产品预售火爆,也难以及时补充产能满足更多高类型消费者的需求,而且随着新产品更新换代速度的加快,关键零配件良品率会直接影响到新产品的产能,进而影响到产品的预售结果和卖方的收益。如 2014 年小米4智能手机的预售，就是因为产能问题导致预售期出现缺货，很多小米品牌的粉丝在新款产品预售之前，时刻关注产品预售时间等相关信息，并尽早准备在小米官网抢订。但是根据本书理论研究结果，在卖方产能有限且确定时，如果高类型消费者的数量低于卖方产能的一半，卖方比较适合采用退货再销售策略，但是不需要提供慷慨的即较高的退款策略。如果高类型消费者的数量超过卖方一半产能，则卖方不需要提供任何退货策略，只需要实施不提供退货的预售策略，就能使卖方的收益最大化。反之，如果此时卖方提供了退货策略，虽然能够提高高类型消费者的支付意愿，可以控制更高的预定价格，但是由此产生的退货损失难以弥补高价预定和退货再销售产生的收益。由此可见，提高高类型消费者需求的重要性。如丰田汽车在新产品实施预售策略之前，一般会根据前三个月同一档次相类似的产品系列销售情况，估计新产品在前两个月的预售量，然后再确定最优预售价格。

### 三、降低再处理成本

当卖方提供预售和退货再销售相结合的策略时，再处理成本对于策略实施的绩效也有至关重要的影响。当高类型消费者需求小于卖方一半产能时，虽然退回的少量产品能够在正常销售期以正常价格再销售，但是如果为了使退货产品再销售产生的再包装、储存和配送等物流成本较高时，也难以弥补退货产生的损失，再处理成本除了至少要小于生产成本以外，还要尽可能地低。尤其是当高类型消费者需求较高时，处理的退货产品越来越多，只有处理退货产生的再处理成本越来越小时，才能保证卖方利润大于不提供退货的预售策略时产生的利润。

此外，越来越多的制造企业面对来自市场和竞争者的挑战，在以3D打印、大数据为代表的第三次工业革命时代，通过加快市场响应速度（Cachon，2009），根据互联网时代用户个性化定制的特点，按需设计、按需制造、按需配送等个性化生产满足个性化的需求，从而使产品供应与消费者需求更加匹配。然而，个性化定制批量生产模式虽然可以提高顾客对产品的满意度，降低产品退货率，但是如果产品生产成本过高，也难以提高企业的竞争力。因此，卖方还需在满足消费者个性化需求的同时，提高企业运营效率，降低生产成本，选择合适的预售定价策略、价格保证机制或者无缺陷退货保证策略，才能在满足消费者购买效用最大化的同时，提高卖方的利润。

## 本章小结

影响卖方预售定价、价格保证机制和退货保证机制的因素比较多，无论卖方采用哪种预售定价策略，或者哪种预售保证机制，都主要考虑了预售期消费者价值的不确定性，而且都考虑了高类型消费者的策略型等待行为和低类型消费者估值会随着预定量调整的情况。两种预售保证机制实施条件的不同之处在于，是否考虑高类型消费者在正常销售期对产品实际价值的异质性。如果在卖方产能或者订货量有限，且在销售期不能补货时，考虑到高类型消费者预定量的影响，卖方可以实施的预售定价策略包括溢价预售、同价预售和折扣价预售三种，只是在实施时要注意不同预售定价策略需要满足的条件。当考虑低类型消费者估值会随着预定量变化时，卖方可以采用的价格保证机制包括退款不变和退款可变的两种价格保证机制，而且都优于预售无价格保证机制的预售策略。

卖方在实施退货策略时，尤其是在产能有限和市场规模确定时，产品质量和策略型高类型消费者数量所占比例大小对退货策略的实施影响较大，因此卖方应该在提高产品质量的同时，能够在预售前准确预测高类型消费者数量、降低退货在正常销售期以正常价格销售时的再处理成本，并在满足高类型消费者个性化需求的同时，能够降低生产成本，才能最大程度地提高卖方的运营效率和市场竞争力，在最大化消费者效用的同时，能够最大化卖方的期望总利润。

# 第七章
# 总　结

## 一、研究结论

卖方需要提供预售主要是因为预售能够帮助卖方减少需求变动，更好地制定物流计划，风险规避消费者会因为预售降低了产品不可得的风险而提前购买产品，在卖方采取价格保证机制时，卖方可能会溢价即高于正常销售价格预售，获取更高收益。预售策略实施的关键就在于：一是消费者购买产品（包括实体产品和服务产品）和消费产品的时间是分离的，这一点允许卖方在预售期（产品被消费之前）和现场期（消费产品时）都销售产品；二是消费者价值的不确定性；三是等待到正常销售期可能会面临产品缺货的风险。

在消费之前的预售期，顾客可能关于他们自己对于产品或服务的价值是不确定的，因为产品价值可能主要依赖于消费情况、环境或者消费时间的状态。Belk (1975)把这些因素看作是情境变量，并且把他们分成五组：物理环境（如天气）、社会环境（如消费时出现其他人）、时间透视（如购买时间）、任务界定（如自己用或是作为礼物送人）和消费之前的状态（如心情、健康和财务状况等）。根据Belk 的分类，有些因素是客户依赖的并取决于消费时客户个人的状态，而另一些因素是环境依赖，是由自然状态或者其他外生事件的发生决定的，这些情境因素的影响导致消费时，消费者价值之间不同水平的相互依赖。其中顾客依赖因素是特殊的、个人的，并以不同方式影响不同顾客，顾客依赖因素的例子包括顾客的偏好、心情、健康、行程安排冲突、消费时机和同伴建议等。Shugan & Xie (2005)还提供了许多顾客价值依赖于顾客消费者的状态（包括健康、心情、金钱、工作行程安排和家庭状况）方面的例子，包括乘船游览、假期计划、百老汇表演门票和注册会议等（Shugan & Xie 2000，2004；Xie & Shugan，2001）。更普遍地是，这些因素中的一些因素可能对一组顾客而不是其他顾客产生大影响，例如，家庭状况（包括意外到来的客人或生病的孩子）会影响所有家庭成员暑假行程的价值（Shugan & Xie，2000），没有预料到的工作安排的变化会影响所有合作者享受游船聚会的价值。在这种情况下，来自不同组的顾客价值没有被修正并且在同一组顾客之间相互依赖。另一方面，环境依赖因素是外生的，包括像天气等自然环境、经济、政府政策等经济环境和名人的出现。这些外生因素以相似方式影响所有顾客，并导致消费者价值的高度相互依赖。

因此，本书主要考虑了高类型消费者的策略型等待行为、低类型消费者对产品的估值受高类型消费者预定需求量的影响、消费者退货行为等因素对预售定价、价格保证机制和退货保证机制的影响，主要进行以下几个方面的研究：

（一）梳理预售定价和保证机制理论基础

本书研究涉及消费者行为、收益管理、动态定价和博弈论等相关理论，应用动态规划、随机过程、系统优化、合作博弈、非合作博弈以及启发式算法等方法，是基于多学科知识，研究企业运营优化策略和价值创造。本书主要构建出一个基于顾客策略型行为视角的预售动态定价决策的研究框架；分析在面对不同消费群体时，如何根据消费者行为特征和消费者估值的变化，选择合适的预售动态定价策略；探讨顾客行为和预售动态定价及预售保证机制对企业收益的影响。因此，文中主要对消费者行为、博弈论中的理性预期均衡和报童模型等相关理论基础进行梳理。

消费者行为主要由消费者购买决策和消费者行动两部分构成，影响预售策略实施的主要是消费者购买决策过程。根据消费者的购买决策行为可将其分为短视型、策略型和讨价还价型（Cachon & Swinney，2009），短视型消费者对价格不敏感，只希望能第一时间拿到产品，因此，比较关注卖方发布的相关产品预售信息，并在预售期立刻预定产品。策略型消费者会基于最大化自己的购买效用，根据等待更低价格但面临缺货风险获得的效用和立即预定的效用之间进行比较，再做出购买决策。讨价还价型消费者会关注卖方的降价信息，等待产品降价甚至清仓销售时再购买。影响卖方预售定价和价格保证机制及退货策略实施的主要因素是消费者策略型等待行为和消费者的风险偏好，本书假设所有博弈双方参与者都是风险中性的，只考虑了消费者的策略型等待行为和退货行为对卖方预售定价和保证机制的影响。

策略型消费者购买行为主要是基于自己对未来产品价格和可得性的理性预期进行选择的，而且理性预期结果和实际是一致的。根据理性预期均衡计算得出的结果既能最大化消费者购买效用，同时又能最大化卖方的期望收益。

由于卖方是在预售期结束后才确定订货量的，而且在正常销售期卖方也不能补货（因为生产周期比较长），正常销售期期末剩余产品残值为零或忽略不计，所以卖方在第二期面对的就是基本的报童问题，因此，可以采用报童模型求解得出最优订货量。

（二）分析顾客策略型行为对预售定价策略的影响

卖方是否需要采用预售策略，除了需要考虑消费者的策略型等待行为的影响，同时还要考虑消费者估值随预定量发生变化时的影响。文中在分析策略型消费者行为对卖方是否采用预售策略和预售价格保证机制时，假设高类型消费者需求和低类型消费者需求不相关，但是高类型消费者的预定需求会影响低类型消费者对产品的最大支付意愿。

文中首先在考虑顾客策略行为的基础上，分析当高类型消费者需求服从一般分布，并落在三个不同预定需求实现区间时，低类型消费者估值的变化，基于理性预期均衡理论，构建出基本的预售模型框架，分析提前预定需求信息、消费者估值变化对预售动态定价和卖方期望利润的影响，然后再分析卖方不采用预定策略，只是把销售期分为两个销售阶段时，顾客策略行为和消费者估值变化对卖方动态定价和期望利润的影响。根据理论推导和数值模拟分析结果，得出在考虑消费者策略行为和估值变化时，卖方实施预定策略总是优于无预定策略。

（三）分析顾客策略型行为对预售价格保证策略的影响

虽然卖方采用预定策略相比于无预定策略能够提高卖方的收益，但是消费者策略行为还是对卖方预定策略的实施有不利影响，为了最大化卖方的利润，刺激更多高类型消费者尽可能早地提前购买，企业在实施预售策略时，还需要采用可信的价格承诺或者价格保证机制。本书主要分析企业在采用预售策略时，价格保证机制对卖方利润的影响，并提出了退款不变和退款可变两种不同的价格保证机制，退款不变是指无论正常销售价格如何调整，退款都是固定的，因此卖方因退货产生的损失也是固定的。退款可变是指卖方退款的大小会随着低类型消费者估值即正常销售期价格的不同而发生变化，导致对卖方收益的影响也是不同的。根据数值模拟对比分析发现，四种预售策略中，无论高类型消费者预定需求高或者低，对卖方总是有利的，由于价格保证时的预定价格总是大于没有价格保证的预定价格，所以价格保证机制优于预定策略，预定策略总是优于无预定策略。

（四）分析顾客策略型行为对预售退货保证策略的影响

在卖方实施预售策略时，经常会出现产能对预售策略的影响，如苹果、三星和小米智能手机的预售，就因为产能问题多次推迟产品发布上市时间。因此，本书分析在卖方产能有限和市场规模确定时的几种不同退货策略的影响，同样也考虑了高类型消费者的策略型等待行为和对第二期产品价格和可得率的理性预期，而且高类型消费者和低类型消费者需求是相关的。研究发现当卖方产能有限且确定，并在两个销售期不能补充产能时，产能越小且大于高类型消费者数量时，卖方越能控制较高的预定价格；无论高类型消费者预定需求是否较大，卖方只采用预售策略总是优于退货不再销售的预售退货策略。当高类型消费者预定需求小于产能的一半或者低类型消费者需求数量时，只要卖方对退货再销售时的再处理成本较低，小于某一临界值，而且不提供过于慷慨的退货策略，则采用退货可再销售的预售退货策略总是优于不提供退货的预售策略。这是因为退货策略可以提高高类型消费者的最大支付意愿，从而提高卖方的预定价格，由于高类型消费者数量较少，所以提高预定价格产生的收益足以弥补因退款和再处理成本产生的损失。

（五）汽车和手机的预售和保证机制决策案例

书中选取一汽丰田汽车品牌的预售案例，介绍一汽丰田在中国的4S店规模和所有在中国销售的产品型号，分析一汽丰田中高档汽车采用预售策略和价格保证机制时，对销售代理商收益的影响。同时以苹果手机授权经销商为例，分析预售退货保证机制对经销商收益的影响。根据从企业实地调研得到的数据进行实证分析，基本与理论模拟分析结果相同。

虽然本书选取的丰田汽车和苹果手机在预售策略的应用方面比较具有代表性，但是由于产品特征因素，汽车预售不提供理论研究中的无缺陷退货，手机预售中的无缺陷退货仅限于包装未拆封的情况，退货基本都是由产品质量因素造成的。2016年2月，国家工商行政管理总局制定的《网络购买商品七日无理由退货指引》中也规定，手机、电脑、数码产品等一经激活或试用后价值贬损较大的商品，可以不适用七日无理由退货规定。所以，本书以后将更多地以选取其他在预售退货策略实施中更具有代表性的产品预售为例，分析预售退货策略在实践中的应用。

（六）预售定价和保证机制决策建议

通过对预售研究相关理论与实践的分析，本书提出了相应地合理选择预售定价策略和提高企业运营效率的策略建议。首先建议企业在实施预售定价策略时，要根据产能和高类型消费者需求大小，在三种预售动态定价策略即溢价预售、同价预售或者折扣价预售中进行合理选择，同时也要考虑消费者估值随预定量发生变化时对预售定价策略的影响。针对顾客策略型行为对卖方价格保证机制的影响，提出企业采用退还差价的价格保证机制的适用情况，建议企业在采用预售价格保证机制时，同样也要考虑低类型消费者估值的变化。

最后，针对企业面临来自市场和竞争者的挑战，及 3D 打印技术和大数据分析时代，为了使供应和需求相匹配采用的个性化批量生产策略时，要在降低生产成本的同时提高产品质量，才能减少消费者的退货量，提高卖方的绩效。同时，基于顾客策略型行为和可能出现的退货行为，在提高高类型消费者需求预测准确性的基础上，根据企业产能，选择恰当的退货策略。

## 二、研究展望

综上所述，基于预售领域已经进行的研究和现实中企业展开的各种形式预售遇到的不同问题，未来的预售策略将在前期研究的基础上沿着四个方面发展，如图 7.1 所示。

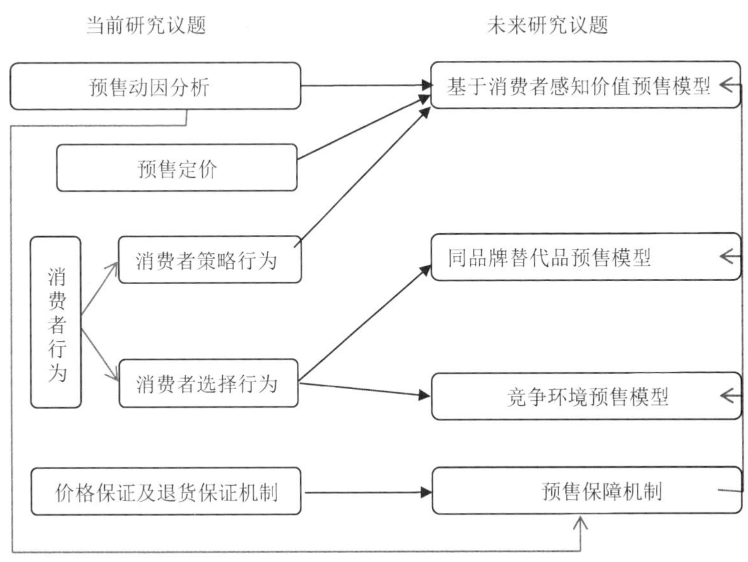


图 7.1 预售相关问题研究与未来议题架构

### （一）基于消费者估值变化的制造商与零售商之间的预售决策研究

通过分析企业预售案例，本书发现无论是成功预售还是失败预售，都与消费者对预售产品价值的波动有着很密切关系。很多成熟品牌都有相当数量的忠实用户，例如苹果公司的 iPhone 手机就拥有大量的铁杆粉丝。当企业进行产品更新换代时，这些忠实用户通常比其他消费者更了解和认同即将推出的新产品价值，对产品的估值更高，更愿意提前预定以确保及时获得新产品，甚至愿意为此支付更高价格。相反地，其他消费者由于对新产品了解相对较少，心理价值较低，通常不愿在预售阶段购买，而是选择等待。在等待过程中，这些消费者的估值可能会发生改变，在正式开售时，他们再根据自己的最新产品价值来确定是否购买。企业能否成功地把握消费者估值的变化，从而制定出恰当的产能决策，是企业能否实现预售目标的关键。因此，在分析制造商与零售商之间的预售决策模型中考虑消费者估值变化，确定消费者估值和预售价格、正常价格及生产或订货决策之间的关系，分析消费者估值变化对制造商产能决策和零售商预售定价决策的影响，构建合适的预售产能决策模型，是预售领域未来研究重点之一。

（二）替代产品同时预售模型研究

企业为了提高市场占有率，扩大市场份额，往往对市场进行更细的市场细分，同时推出可替代的产品。虽然消费者会对某一品牌具有很强的品牌忠诚度，但是当同一品牌的不同产品同时出现在消费者面前时，产品之间的可替代性还是会影响到消费者对产品的估值。例如在前面提到的苹果公司同时预售 iPhone 5S 和 iPhone 5C 的案例中，尽管两款手机的定位不同，前者面向高端用户和部分铁杆粉丝，后者面向低端用户，但仍然有大量的中间用户。这些中间用户的最终选择取决于两款产品的预售价格和正常销售价格、用户对两款产品的供给和价格的预期等因素。由于决策变量增多，还要考虑两款同类产品需求之间的相互蚕食(Cannibalization)，企业的预售决策变得更为困难。而这部分研究又相对较少，因此，预售模型从单一产品扩展到多产品，对替代产品之间的需求蚕食效应进行合理预估，建立替代产品同时预售模型也将是未来的研究重点。

（三）竞争环境下预售模型研究

随着市场竞争的加剧，多企业同步预售的现象日趋增多，在消费者同时面对众多选择的情况下，企业在制定预售策略时，不仅要考虑自身产品之间的可替代性，还必须考虑所有竞争对手的预售策略，使企业预售决策的难度大大增加。此时，合适模型的构建可以帮助企业制定更好的预售策略，在同步预售中取得竞争优势。然而现有的研究多关注单一企业的预售策略研究，因此，应用合适的市场份额模型，解决替代产品和竞争环境下的需求预测问题，将预售模型从垄断环境（单一企业）扩展到竞争环境（多企业）等更一般情形，也将是未来研究的重点，将会具有更强的实践意义。

（四）基于产品质量的预售保证机制研究

当企业推出全新产品时，消费者估值的不确定性更为严重，即使企业的老客户也很难对一个全新产品的价值有准确认识。事实上，对一个全新产品来说，合适的销售价格都难以确定，更何况是预售价格。然而，预售价格制定的是否合理不仅会直接影响到预售需求，还会影响到正常销售价格的制定，乃至企业整个销售及运营计划能否成功。在这种情形下，企业带有价格保证或退货保证的预售保证机制就变得极为重要。例如，奇瑞公司在进行新 QQ 的预售时就采用了“多退少不补”的价格保证策略。这种价格保证机制能够打消顾客对预定后可能出现的价格降低或上涨的担忧，吸引顾客提前购买。但是这种价格保证会对正常价格调整构成制约，对预售决策准确性要求更高。例如，过高的预售价格会使企业正常价格制定陷入两难境地，如果在正常期也跟随预售价格同样制定高价，可能造成产品需求不足，收益下降的局面；如果在正常期为提升销量而制定远低于预售价格的低价，一方面会使企业由于“多退”政策而导致大量现金的流出，另一方面也可能加剧消费者对产品降价的预期，进而引起消费者估值的进一步下降，影响消费者购买行为，导致产品需求大幅下滑，影响企业收益。同样，退货保证机制也存在着类似的问题。可见，这两种预售保证机制并非任何情况下都适用，也并非所有预售产品都适用。因此，对于预售中的价格保证和退货保证进行系统分析，研究其适用条件，制定合理预售保证机制，准确选择预售产品，合理安排预售和正常销售之间的关系，准确描述由于采用这些机制造成的消费者需求在预售期和正常销售期之间的移动，尤其是考虑预售产品质量因素对消费者需求和预售保证机制的影响时，提高预售保证机制的适用性是未来预售领域研究的另一个重点。

# 参考文献


[1] 黄维梁.消费者行为学[M].北京:高等教育出版社,2005.

[2] 杜宾,邱菀华.基于信息更新的报童模型理性预期均衡分析[J].北京航空航天大学学报(社会科学版),2010,23(4):44-47.

[3] 冯芷艳,郭迅华,等.大数据背景下商务管理研究若干前沿课题[J].管理科学学报,2013(1):1-9.

[4] 李豪.竞争环境下考虑顾客行为的易逝品动态定价策略研究[D].重庆:重庆大学,2010,9(1):1-50.

[5] 李辉,齐二石,毛照昉.产能有限和无限两类环境下销售商的预售策略研究[J].大连理工大学学报(社会科学版),2015,36(3):93-98.

[6] 李勇建,许磊,杨晓丽.产品预售、退货策略和消费者无缺陷退货行为[J].南开管理评论,2012,12(5):105-113.

[7] 刘作仪,查勇.行为运作管理:一个正在显现的研究领域[J].管理科学学报,2009,12(4):64-71.

[8] 刘晓峰,黄沛.基于策略消费者的最优动态定价与库存决策[J].管理科学学报, 2009,12(5):18-26.

[9] 计国君,杨光勇.战略顾客下最惠顾客保证对提前购买的价值[J].管理科学学报,2010,7(13): 16-25.

[10] 慕银平,冯毅,唐小我.随机需求下期权采购与预售联合决策研究[J].管理科学学报,2011,6(14):47-56.

[11] 卜祥智,许垒,赵泉午.考虑货主价格参照效应的海运运力合同分配与定价策略研究[J].管理科学学报,2012,15(2):28~36.

[12] 单汨源,欧翠玲,张人龙.预售与正常销售集成模式下 B2C 企业退货策略

[J].系统工程,2015,33(5):48－53.

[13] 申成霖,张新鑫,卿志琼.服务水平约束下基于顾客策略型退货的供应链契约协调研究[J],中国管理科学,2010,18(4):56－64.

[14] 许垒.考虑消费者行为的退货策略与供应链协调问题研究[D],天津:南开大学,2012,11(1):1－40.

[15] 杨光勇,计国君.存在战略顾客的退货策略研究[J].管理科学学报,2014,17(8):23－33.

[16] 于辉,马云麟.订单转保理融资模式的供应链金融模型[J].系统工程理论与实践,2015,35(7):1733－1743.

[17] 运筹学教学编写组.运筹学[M].北京:清华大学出版社,1990.

[18] 张义刚,唐小我.供应链融资中的制造商最优策略[J].系统工程理论与实践,2013,33(6):1434－1440.

[19] 王夏阳.新产品预售的影响机制与企业的定价策略——一个基于消费者选择视角的研究[J].当代经济管理,2015,37(4):13－19.

[20] 赵泉午,熊中楷,林娅,卜祥智.基于电子市场的易逝品两级供应链供需博弈分析[J].中国管理科学,2004,12(3):91－96.

[21] 王叶峰,田中俊,付娜.基于顾客策略型行为的预售策略研究及展望[J],浙江万里学院学报,2017,30(2):18－22.

[22] 王宗水,赵红.大数据变革背景下的顾客网络满意度比较——基于OLAP可视化技术应用视角[J].软科学,2015(5):106－110.

[23] Alexandrov, Alexei, Martin A. Lariviere. Are reservations recommended? [J]. *Manufacturing &Service Operations Management*, 2012, 14(2):218－230.

[24] Anderson, E. T., K. Hansen, D. Simester. The option value of returns: Theory and empirical evidence[J]. *Marketing Science*, 2009, 28(3):405－423.

[25] Berndtson C .. Apple sells out iPad preorder inventory as launch nears [EB/OL]. *CRN* (March 29), http://www.crn.com/, 2010.

[26] Boyacı T, Özer Ö. Information acquisition for capacity planning via pricing and advance selling: When to stop and act? [J], *Operation Research*, 2010, 58(5):1328－1349.

[27] Cachon, G.P., A. Gürhan Kök. Implementation of the Newsvendor Model with Clearance Pricing: How to (and How Not to) Estimate a Salvage Value[J]. *Manufacturing & Service Operations Management*,

2007, 9(3) : 276 - 290.

[28] Cachon, G.P., Feldman P..Is Advance Selling Desirable with Competition? [J]. *Marketing Scicence*, 2017,36.(2):214 - 231.

[29] Cachon, G.P., Feldman P..Price Commitments with Strategic Consumers: Why It Can Be Optimal to Discount More Frequently……Than Optimal [J].*Manufacturing & Service Operation Management*,2015,17(3):399 - 410.

[30] Cachon, G. P.,Robert Swinney.Purchasing, pricing, and quick response in the presence of strategic consumers[J].*Management Science*,2009,55 (3) :PP497 - 511.

[31] Caro F., Martínez-de-Albéniz V..Product and price competition with satiation effects[J].*Management Science*,2012,58(7):1357 - 1373.

[32] Che, Y.-K..Customer return policies for experience goods[J].*Industry Economics*,1996,44(1), PP.17 - 24.

[33] Chen, H., M. PARLAR.Dynamic Analysis of the Newsboy Model with Early Purchase Commitments[J].*International Journal of Services and Operations Management*,2005,1(1):56 - 74.

[34] Cho, S. H., C. S. Tang. Advance Selling in a Supply Chain Under Uncertain Supply and Demand[J].*Manufacturing & Service Operation Management*,2001,3(3) :230 - 241.

[35] Chu Y L.Zhang H..Optimal Preorder Strategy with Endogenous Information Control[J].*Management Science*,2011,57(6):1055 - 1077.

[36] Coase, R. H.. Durability and Monopoly [J], *Journal of Law and Economics*,1972,15(1):PP. 143 - 149.

[37] Cohen M., S. Nahmias, W. Pierskalla.A Dynamic Inventory System with Recycling[J].*Naval Research Logistics*,1980,27(2):289 - 296.

[38] Coursey D..Apple iPad price cut: Blunder or brilliance? [EB/OL]. *PCWorld* (February 8),http://www.pcworld.com/,2010.

[39] Cristina STOICESCU.Big Data,the perfect instrument to study today's consumer behavior [J] .Database Systems Journal,2015(3):28 - 40.

[40] Cvsa, V.,S. M. Gilbert.Strategic commitment versus postponement in a two-tier supply chain[J].*European Journal of Operational Research*,2002 (141): 526 - 543.

[41] Dana, J. D..Advance-Purchase Discounts and Price Discrimination in Competitive Markets [J].*Journal of Political Economy*, 1998, 106(2): 395 - 422.

[42] Dana J.D, Petruzzi N.C.. The Newsvendor Model with Endogenous Demand[J].*Management Science*, 2001, 47(11): 1488 - 1497.

[43] Davis S., E. Gerstner, M. Hagerty.Money Back Guarantees in Retailing: Matching Products to Consumer Tastes[J].*Journal of Retailing*, 1995, 71(1): 7 - 22.

[44] Davis S., M. Hagerty, E. Gerstner.Return Policies and the Optimal Level of hassle[J].*Journal of Economics & Business*, 1998, 50(5): 445 - 460.

[45] DeGraba, P.. Buying frenzies and seller-induced excess demand[J]. *RAND Journal of Economics*, 1995, 26(2): 331 - 342.

[46] Desiraju R., Shugan S. M.. Strategic service pricing and yield[J]. *Marketing Management*, 1999, 63(1): 44 - 56.

[47] Diecidue, E., N. Rudi, W. Tang. Dynamic purchase decisions under regret: Price and availability[J].Decision Analysis, 2012, 9(1): 22 - 30.

[48] Elmaghraby W, Keskinocak P.. Dynamic pricing in the presence of inventory considerations: Research overview, current practices, and future directions[J].*Management Science*, 2003, 49(10): 1287 - 1309.

[49] Eppen GD, Iyer AV.Improved fashion buying with Bayesian updates [J], *Operation Research*, 1997, 45(6): 805 - 819.

[50] Ferguson, M., V.D.R. Guide, Jr., G.C. Souza..Supply Chain Coordination for False Failure Returns[J]. *Manufacturing & Service Operation Management*, 2006, 8(4): 376 - 393.

[51] Fisher, M., A. Raman. Reducing the Cost of Demand Uncertainty through Accurate Response to Early Sales[J].*Operation Research*, 1996, 44(1): 87 - 99.

[52] Fleischmann, M., R. Kuik, R. Dekker. Controlling Inventories with Stochastic Item Returns: A Basic Model [J]. *European Journal of Operational Research*, 2002, 138(1): .63 - 75.

[53] Gale, I. L. and Holmes, T. J..Advance Purchase Discounts and Monopoly Allocation of Capacity[J].*The American Economic Review*, 1993, 83(1):

135－146.

[54] Gallego G，Özer Ö..Integrating replenishment decision with advance demand information[J].*Management Science*，2001，47(10)：1344－1360.

[55] Gallego G，Özer Ö. Optimal replenishment policies for multiechelon inventory problems under advance demand information[J]. *Manufacturing Service Operation Management*，2003，5(2)：157－175.

[56] Gallego G.，Sahin Ö..Revenue management with partially refundable fares[J].*Operation Research*，2010，58(4，part 1)：817－833.

[57] Gilbert，S. M.，V. Cvsa.Strategic commitment to price to stimulate downstream innovation in a supply chain[J]. *European Journal of Operational Research*，2003，150：617－639.

[58] Guangting Zhu，Junxuan Zhu.The Study of Impact of "Big Data" to Purchasing Intention[J] . *International Journal of Business and Social Science*，2014(10)：91－95.

[59] Gul，F.，H. Sonnenschein，R. Wilson.Foundations of Dynamic Monopoly and the Coase Conjecture[J].*Journal of Economic Theory*，1986，39(1)：155－190.

[60] Gurnani，H.，C. Tang.Optimal Ordering Decisions with Uncertain Cost and Demand Forecast Updating[J].*Management Science*，1999，45(10)：1456－1462.

[61] Guo L..Service cancellation and competitive refund policy[J].*Marketing Science*，2009，28(5)：901－917.

[62] Heiko Karle，Marc Möller.Selling in Advance to Loss Averse Buyers[J]. *Department of Economics*，*University of Bern*，Working Paper，2016.

[63] Huang，T.，J. A. van Mieghem. The Promise of Strategic Customer Behavior：On the Value of Click Tracking[J]. *Production and Operations Management*，2012，22(3)：1－14.

[64] IDC.The 2011 digital universe study：Extracting value from chaos [EB/OL]. http：//www. emc. com/collateral/demos/microsites/emc-digital-universe-2011/index.htm，2011.

[65] Katz M L，Shapiro C..Network externalities，competition，and compatibility [J].*The American Economic Review*，1985，75(3)：424－440.

[66] Kelle, P.,E. Silver.Purchasing Policy of New Containers Considering the Random Returns of Previously Issued Containers[J]. *IIE Transactions*, 1989,21(4):349－354.

[67] Khouja, M..The single-period news-vendor problem: Literature review and suggestions for future research[J].*OMEGA*,1999,27:537－553.

[68] Kopalle K.P., Rao A.G., Assuncao J.L..Asymmetric reference price effects and dynamic pricing policies[J].*Marketing Science*,1996,15(1), PP. 60－85.

[69] Lai, G. M., L.G. Debo, K. Sycara.Buy Now and Match Later: Impact of Posterior Price Matching on Profit with Strategic Consumers[J]. *Manufacturing & Service Operations Management*,2010,12(1):33－55.

[70] Lawton C..The War on Returns[J].Wall Street Journal,2008,8(1).

[71] Levin Y., McGill J., Nediak M..Price Guarantees in Dynamic Pricing and revenue management[J].*Operation Research*,2007,55(1): 75－97.

[72] Levin Y., McGill J., Nediak M..Dynamic pricing in the presence of strategic consumers and oligopolistic competition [J]. *Management Science*,2009,55(1): 32－46.

[73] Li, C., F. Zhang."Advance demand information, Price discrimination, and Pre-order strategies [J]. *Manufacturing & Service Operations Management*,2013,15(1):57－71.

[74] Li Y J,Xu L,Li D. H..Examining relationships between return policy, product quality, and pricing strategy in online direct selling[J].*Nankai University*,Working paper,2009.

[75] Li Y J, Xu L, Xu X L, Kannan G..Consumer returns policies with endogenous deadline and supply chain coordination [J]. *Nankai University*,Working paper,2012.

[76] Lim W S.,Tang C S..Advance Selling in the Presence of Speculators and Forward-Lo oking Consumers [J]. *UCLA Anderson School*, working paper,2012.

[77] Liu, Q., S. Shum.On the value of psychological elation and disappointment effects in capacity and pricing decisions[J].*Hong Kong University of Science and Technology*,Working paper,2009.

[78] Liu, Q., G. van Ryzin. Strategic capacity rationing to induce early purchases[J]. *Management Science*, 2008, 54(6): 1115 - 1131.

[79] Loginova, O., H. X. Wang, C. ZENG. Learning in Advance Selling with Heterogeneous Consumers[J]. *NET Institute*, Working Paper, 2016 -12 - 8.

[80] Loginova Oksana. Pricing Strategies in Advance Selling: Should a Retailer Offer Pre-order Price Guarantee? [J]. *Department of Economics, University of Missouri*, working paper, 2016 - 04 - 21.

[81] Loginova Oksana. Advance Selling, Competition, and Brand Substitutability [J]. *Department of Economics, University of Missouri*, working paper, 2016 - 01 - 29.

[82] Mak, V.. Disclosing inventory to mitigate the impact of strategic waiting on profits [J]. *University of Cambridge, United Kingdom*, Working Paper, 2008.

[83] Maurice E. Schweitzer, Cachon, G.P.. Decision Bias in the Newsvendor Problem with a Known Demand Distribution: Experimental Evidence [J]. *Management Science*, 2000, 46(3): 404 - 420.

[84] McCardle K, RajaramK, Tang C.S.. Advance Booking Discount Programs under Retail Competition[J]. *Management Science*, 2004, 50(5): 701 -708.

[85] Moe W.W., Fader P.S.. Using Advance Purchase orders to Forecast New Product Sales, Marketing Science[J]. 2002, 21(3): 347 - 364.

[86] Möller, M., M. Watanabe. Advance Purchase Discounts versus Clearance Sales[J]. *Economic Journal*, 2010, 120(547): 1125 - 1148.

[87] Mukhopadhyay, S. K., R. Setoputro. A Dynamic Model for Optimal Design Quality and Return Policies[J]. *European Journal of Operational Research*, 007, 180 (3): 1144 - 1154.

[88] Nasiry J., Popescu I.. Advance Selling When Consumers Regret [J]. *Management Science*, 2013, 58(6): 1160 - 1177.

[89] Nocke, V., M. Peitz, F. Rosar. Advance-Purchase Discounts as a Price Discrimination Device [J]. *Journal of Economic Theory*, 2011, 146 (1): 141 -162.

[90] Özer Ö.. Replenishment strategies for distribution systems under advance demand information[J]. *Management Science*, 2003, 49(3): 255 - 272.

[91] Özer Ö., Wei W..Inventory control with limited capacity and advance demand information[J].*Operation Research*, 2004,52(6):988 - 1000.

[92] Özer Ö., Onur Uncu , Wei Wei.Selling to the 'Newsvendor' with a forecast update: Analysis of a dual purchase contract [J]. *European Journal of Operation Research*,2007,18(2) :1150 - 1176.

[93] Pasternack B A. Optimal pricing and returns policies for perishable commodities[J].*Marketing Science*,1985,l(4):166 - 176.

[94] Petruzzi N. C.,Dada M.Pricing and the newsvendor problem: A review with extensions[J].*Operations Research*,1999(47):183 - 194.

[95] Png,IPL..Most-favored-customer protection versus price discrimination over time[J].*Journal of Political Economy*,1991,99(5): 1010 - 1028.

[96] Popescu I,Wu Y..Dynamic pricing strategies with reference effects[J]. *Operations Research*,2007,55(3):413 - 429.

[97] Porteus Evan L.. Foundations of stochastic inventory theory [M]. Stanford University Press.2002.

[98] Prasad, A., K.E. Stecke, X. Zhao.Advance Selling by a Newsvendor Retailer.*Production and Operations Management*,2010,20(1):129 - 142.

[99] Shugan S.M.,Xie J.Advance Pricing of Services and other Implications of Separating Purchase and Consumption [L]. Journal of Service Research,2000,2(3):227 - 239.

[100] Shugan, S. M., Xie J.. Advance selling for services [J]. California Management Review,2004,46(3):37 - 54.

[101] Shugan SM, Xie J..Advance selling as a competitive marketing tool[J]. International Journal Research Marketing,2005,22(3):351 - 373.

[102] Shulman J.D.,A.T. Coughlan,R.C. Savaskan.Optimal Reverse Channel Structure for Consumer Product Returns[J].Marketing Science,2010, 29(6):1071 - 1085.

[103] Shulman, J.D., A.T. Coughlan, R.C. Savaskan.Managing Consumer Returns in a Competitive Environment[J].Management Science,2011, 57(2):347 - 362.

[104] Silver, E. A.,D. F. Pyke,R. Peterson .Inventory Management and Production Planning and Scheduling [M]. Wiley, New York, third

edition,1998.

[105] Su X..Consumer Returns Policies and Supply Chain Performance[J]. Manufacturing & Service Operations Management,2009,11(4):595 -612.

[106] Su X..Optimal Pricing with Speculators and Strategic Consumers[J]. Management Science,2010,56(1):25 - 40.

[107] Su X, Zhang F..On the Value of Commitment and Availability Guarantees when Selling to Strategic Consumers[J].Management Science, 2009, 55(5):713 - 726.

[108] Swinney R..Selling to strategic consumers when product value is uncertain: The value of matching supply and demand[J]. *Management Science*, 2011,57(10):1737 - 1751.

[109] Tang C.S., Rajaram K, Alptekino, et al..The Benefits of Advance Booking Discount Programs: Model and Analysis [J]. *Management Science*,2004,50(4):465 - 478.

[110] Taylor, T. A..Sale timing in a supply chain: When to sell to the retailer [J]. *Manufacturing & Service Operations Management*, 2006, 8 (1): 23 -42.

[111] Vishal Mehta.Consumer Behavior Analysis through Network captures using Big Data [J]. *International Journal of Computer Applications*, 2015(21):12 - 14.

[112] Weng, Z. K., M. Parlar. Integrating Early Sales with Production Decisions: Analysis and Insights. *IIE Transactions*, 1999, 11 (11): 1051 -1060.

[113] Weng Z. Kevin.Coordinating order quantities between the manufacturer and the buyer: A generalized newsvendor model[J].*European Journal of Operation Research*,2004(156):148 - 161.

[114] Wood, S. L..Remote purchase environments: The influence of return policy leniency on two-stage decision processes [J]. *Marketing Research*,2001,38(2): 157 - 169.

[115] Xie, J.,Shugan S. M..Electronic Tickets, Smart Cards, Online Prepayments: When and How to Advance Sell[J].*Marketing Science*,2001,20(3): 219 -243.

[116] Xu L., Bu X.. Research on sea-cargo contract coordination under reference effect of forwarder's downstream customers[J]. *Proceedings of The IEEE International Conference on Service Operations and Logistics and Informatics*, 2009.

[117] Xu L, Bu X, Tian L. W.. Dynamic simultaneous optimization of production and pricing under reference effect in perishable products supply chain[J]. *Proceedings of the International Conference on E-Business and E-Government*, 2010.

[118] Yin, R., A. Aviv, A. Pazgal, C. S. Tang. Optimal markdown pricing: Implications of inventory display formats in the presence of strategic customers[J]. *Management Science*, 2009(55): 1391 - 1408.

[119] Yossi Aviv, Pazgal A.. Optimal pricing of seasonal products in the presence of forward-looking consumers[J]. *Manufacturing & Service Operation Management*, 2008, 10(3): 339 - 359.

[120] Yu M., et al.. Rationing Capacity in Advance Selling to Signal Quality [J]. *Management Science, Articles in Advance*, 2015: 1 - 18.

[121] Yu M., et al.. Advance Selling: Effects of Interdependent Consumer Valuations and Seller's Capacity[J]. *Management Science*, 2015, 61(9): 2100 - 2117.

[122] Zeithaml, V.A.. Consumer Perceptions of Price, Quality and Value: A Means-end Model and Synthesis of Evidence[J]. *Journal of Marketing*, 1988, 52(3): 2 - 22.

[123] Zeng, C.. Optimal Advance Selling Strategy under Price Commitment [J]. *Pacific Economic Review*, 2013, 18(2): 233 - 258.

[124] Zhao X, Stecke K E.. Pre-orders for New to-be-released Products Considering Consumers Loss Aversion[J]. *Production and Operations Management*, 2010, 19(2): 198 - 215.

[125] Zhao, X.Y., Z. Pang. Profiting from Demand Uncertainty: Pricing Strategies in Advance Selling[J]. Working Paper, available at http://ssrn.com/abstract=1866765, 2011.

[126] Zhongjun Tian, Yefeng Wang. Advance selling with preorder-dependent customer valuation [J]. *Operations Research Letters*, 2016, 44 (4):

557 -562.

[127] Zilong Fang, Pengju Li. The Mechanism of "Big Data" Impact on ConsumerBehavior [J]. *American Journal of Industrial and Business Management*, 2014(4): 45 - 50.

# 索 引

**Z**